书山有路勤为径，优质资源伴你行
注册世纪波学院会员，享精品图书增值服务

管婷婷 著

敏捷团队绩效考核
KPI、OKR和360度评估体系的应用与实践

PERFORMANCE MANAGEMENT FOR AGILE TEAMS
Applications and Guidelines for KPI, OKR, 360 Assessment

电子工业出版社
Publishing House of Electronics Industry
北京·BEIJING

未经许可,不得以任何方式复制或抄袭本书之部分或全部内容。
版权所有,侵权必究。

图书在版编目(CIP)数据

敏捷团队绩效考核:KPI、OKR 和 360 度评估体系的应用与实践 / 管婷婷著. —北京:电子工业出版社,2020.8(2025.9 重印)
ISBN 978-7-121-39231-3

Ⅰ.①敏… Ⅱ.①管… Ⅲ.①企业管理－人力资源管理 Ⅳ.①F272.92

中国版本图书馆 CIP 数据核字(2020)第 122719 号

责任编辑:卢小雷
印　　刷:北京盛通数码印刷有限公司
装　　订:北京盛通数码印刷有限公司
出版发行:电子工业出版社
　　　　　北京市海淀区万寿路 173 信箱　邮编 100036
开　　本:720×1000　1/16　印张:11.25　字数:144 千字
版　　次:2020 年 8 月第 1 版
印　　次:2025 年 9 月第 13 次印刷
定　　价:59.00 元

凡所购买电子工业出版社图书有缺损问题,请向购买书店调换。若书店售缺,请与本社发行部联系,联系及邮购电话:(010) 88254888,88258888。
质量投诉请发邮件至 zlts@phei.com.cn,盗版侵权举报请发邮件至 dbqq@phei.com.cn。
本书咨询联系方式:(010) 88254199,sjb@phei.com.cn。

前　言

绩效考核对一家公司里从上至下的每个人都是一件非常重要的事情。对公司而言，通过绩效考核可以评估当前状态，制订和调整策略，对员工进行激励或淘汰。对个人而言，绩效考核更是与收入、职业发展等息息相关的。

绩效考核如此重要，所以在这个领域中，一直不缺乏各种类型的方法、理论和著作。KPI（Key Performance Index，关键绩效指标）、平衡计分卡、PBC（Personal Business Commitment，个人业务承诺计划，源自IBM的内部绩效考核实践）、360度评估和OKR（Objectives and Key Results，目标和关键结果）等都曾红极一时。随便搜索一下，既能找到大量的理论书籍，也能找到包装得像成功学一样的成功案例。似乎在绩效考核这个领域中，所有的情景都已经被探讨过，所有的常见问题也都有最佳实践。

然而在我的教练生涯里，在与公司内不同级别的人接触的过程中，发现无论公司在实践何种绩效考核方法，似乎各个级别的人都或多或少地在抱怨组织的绩效考核机制。有人抱怨绩效考核不公平，有人抱怨绩效考核的指标没有意义。公司高层也经常抱怨绩效考核的结果看似光鲜，但并不能反映真实情况。在制订战略和调整策略的时候，绩效考核结果也不能作为很值得信赖的参考，而且制订绩效考核规则的人力资源部门经常受到来自各方的压力。那些书本上写着的、课堂上讲到的、看起来颇有道理的方法，在实践中却未必能起到应有的效果。

如果这个世界上有一种成功无法复制，那么绩效考核一定是其中之一。因为绩效考核的目的有两个：一个是奖优汰劣，对优秀的人员起到激励作用，并淘汰不符合组织期望的员工。另一个是通过对绩效结果的分析，帮助组织了解现状，作为组织战略的制订和调整、内部管理和运营的重要参考依据。两个目的都是每个组织所需要的，但是每个组织的具体情况千差万别。因为劳动者的类型不同，对于激励方式的接受程度也不同，而不同的组织所在的行业、发展阶段、发展目标也大相径庭，所以组织需要从日常运营中获取的信息也完全不一致。即使是业内某最佳组织的最佳实践，也并不一定适合其他组织，甚至连参考价值都没有。然而很多组织并没有认识到这一点。

绩效考核领域另一个常见的错误认识就是，认为绩效考核是组织内部主要的激励手段。这背后的逻辑是：绩效考核的结果与奖金或晋升机会等物质奖励挂钩，人们为了获取更多利益而努力提升绩效考核成绩。如果组织内部缺乏其他激励方式，仅依赖绩效考核的结果进行利益分配，那么就无法阻止被考核者只关注 KPI，而忘记组织的战略目标，并想尽办法粉饰报表，甚至为了追求短期利益而牺牲长期利益。

我见过很多公司将客户满意度作为绩效评估的重要指标，结果导致团队和员工为了满足这个指标，无原则地接受客户提出的各种要求，团队和个人因此承担了巨大的压力。在短期内，客户满意度上升了，然而这种上升并不可持续，因为过度承诺客户，而忽略或推后其他一些重要工作，其后果在一定时间以后才开始显现。

我见过很多公司将员工利用率（utilization）作为一个绩效考核指标。为了在这个指标上表现优异，人们开始找借口加班。这些加班都是没有实际用处的，只会增加公司内部支出。后来公司发现了这个情况，又建立了加班审批流程，通过这个流程来审批人们加班的必要性。这似乎能够解决问题，但是这个流程实际上无形地增加了管理成本，并且让确实有加班需求的团队感到很沮丧。整体算下来，公司其实并没有从考核员工利用率这个指标上获得太大的收益。

在辅导敏捷团队的时候，我发现很多敏捷团队都在纠结于"故事点"的大小。因为故事点是工作量的单位，理论上它是团队内部评估和计划的参考值，但是在公司内部，团队难免会遇到横向评比的时刻。如何在横向评比中胜出？故事点不可避免地成为团队做文章的一点。通过调整基准故事点的大小，来提升每个迭代完成的故事点数量，粉饰迭代速率跟踪图表上的速率变化趋势等。即使所有人都知道故事点不意味着绝对工作量，但是如果能为绩效考核添砖加瓦，哪怕是一点点，人们也不愿意放弃。

这种依赖绩效考核结果进行奖惩的认识，还造成了基层管理人员的失能。我接触过很多一线、二线的管理人员，他们认为无法激励所有员工或赋能整个团队，主要是因为自己手中的权力有限，每年只有少量的奖金可以分配、极少数的晋升名额可以使用。而事实上，在基本的物质需求得到满足的情况下，人们，尤其是敏捷团队的成员，还有很多其他个体诉求，例如，被尊重，拥有决定"怎么做"的权力，能够获得接受和认可等。管理人员可以在完全不依赖物质奖惩的前提下，提升员工的满意度，激励员工，赋能团队。如果长期依赖绩效考核结果进行物质上的奖惩，那么一旦组织发展速度放缓，无法兑现物质奖励，随之而来的就是员工的情绪低迷和怠惰。一个单纯依赖物质刺激或外界刺激来激励团队的组织，是无法培养出在关键时刻能"共克时艰"的成员的。

这些由错误的认识导致的绩效考核问题，相对比较好解决。另一类绩效考核问题则没那么容易解决，例如，如何给一个 Scrum Master 评定绩效？

Scrum Master 这个角色在团队中属于服务型角色，理论上他不从事任何生产工作，他的作用是解决团队内部协作的问题，辅助团队更高效地工作，最终提升团队整体的效能。他没有管理人员的头衔，只能利用影响力来让人们听从，其工作的主要手段是引导技术和教练技术。概括来讲，这是一个拥有纯软技能的角色。由于 Scrum Master 不直接从事生产，那么常见的任务完成数量、质量、返工率、按时交付、客户满意度等就不能成为其有效的衡量指标。Scrum Master 负责提升团队的效能，但是在考核时，团队效能的提升有多少可以归功于 Scrum Master，也是无法量化的。

　　Scrum Master 是一个比较极端的例子，但是在员工的工作过程中，存在着大量的可以感知却无法度量的指标，即定性指标，如团队协作能力、沟通能力、理解能力、同理心、工作积极性等。定性指标的考核具有难度，一方面在于其难以量化，另一方面在于虽然其可感知，但是感知是一个非常主观的事情。举个例子，对于同一个人的沟通能力，上司的感知和此人同事或下级的感知可能完全不同。所以如何形成客观的评价，也是困难所在。

　　定性指标量化起来难度重重，然而其重要性与日俱增。这是因为我们正在经历一个飞速变化的时代。《世界是平的》一书作者托马斯·弗里德曼指出："当今世界改变的速度已与过去不同……过去数年很多遭受失败的高科技公司给我们敲响了警钟：它们现在面对着无法回避甚至无法预测的挑战，但是缺乏适应这些挑战所必需的领导力、灵活性和想象力。不是因为它们没有意识到这些问题，也不是因为它们不够精明，而是因为变化的速度超过了它们。"正是因为这种飞速的变化，使我们以往的经验、最佳实践不再那么有效。当人们无法预测挑战时，唯一快速成功的办法就是通力协作，尽快试错。这也是为什么定性类的指标变得日趋重要，甚至出现了 Scrum Master 这种专门帮助人们协作的角色。

前言

在传统的成熟产业里，人们的协作方式更多地依赖流程和分工。人们只需要坚守好自己的岗位，遵循一个标准模板，日复一日地进行输入和输入。流程和分工让协作标准化，降低了对个人协作能力的要求。但在变化加速的时代，流程和分工往往拖累反应的速度，人们的职责边界开始模糊，分工也开始模糊，我们更需要拥有多种技能的个体组成突击队，授权他们根据一线情况临时应变。对内，队员需要互相理解、解决冲突、达成一致的能力；对外，队员要能整合资源，发挥影响力，促进目标的达成。这也是我们常说的敏捷团队。软技能的高低，就是决定团队敏捷程度的一项重要指标。

当今流行的 KPI 和平衡计分卡等绩效考核方法，是伴随着传统产业诞生并成熟的，它们所适应的行业背景现在存在的已经越来越少了，但是它们的思想还影响着很大一批人，导致这些人虽然身处剧烈变化之中，仍然试图使用传统产业的绩效考核逻辑来考核信息时代的组织和个人，于是我们常常看到许多组织在引入 OKR 方法后，把 OKR 制订得像换了个格式的 KPI，在认知层面上并没有发生变化。对绩效考核认知的滞后，是我们在绩效考核实践中遇到的所有问题的根源，在考核敏捷团队时影响尤为突出。因为在敏捷团队中对成员的软技能需求远远高于其他团队。要想对敏捷团队赋能，使团队的效能翻倍甚至翻几倍，仅靠外界的物质奖励和指标压力已经无法实现，绩效考核从设计到执行，各个环节都需要考虑如何激发员工内在驱动力，释放员工的产能，而非只是作为控制员工的工具。它与传统的"控制+管理"的考核思维有着本质的区别。

绩效考核除了考核，对敏捷团队和敏捷组织而言还有另一层重要的意义，那就是准确地反映当前组织运营的问题，为持续改进提供方向。KPI 式的绩效考核，体现的是组织运营的结果，无法揭示现有结果的深层次原因。我们希望获知日常操作中具体哪些行为导致了运营的结果，并且从中总结出哪些行为应该继续，哪些行为应该停止。我们无法从一个 3.75 分的绩效考评分数，或者一个"该员工需要加强对外沟通能力"的模糊评语来做出准确的改进；我们也无法从一个部门的业绩超出基准 10%，判断出 10% 的提升源于内部流程优化，还是运气，又或是加班。组织如果想敏捷起来，就需要更多的来自过程的信息，从而为下一步行动做出准确的计划。

在工作中见证了由于绩效考核不合理导致的各种问题后，我希望在本书中，不单单介绍现有流行的绩效考核方法，而且更重要的是与读者探讨各种考核方法的思维逻辑、设计理念和应用场景，并结合我多年为敏捷团队、敏捷组织、高层领导者提供服务时的观察，分析常见的绩效考核方法在具体考核敏捷团队时的优势和劣势。同时，我还希望在本书里探讨一下对敏捷管理人员的绩效考核方法。毕竟敏捷团队的考核要依靠管理人员来执行，管理人员对绩效考核方法的认知和应用直接决定了是激活团队，还是束缚团队。而且敏捷组织中的管理人员也需要达到一定的敏捷成熟度，这个指标属于敏捷团队绩效考核的一部分。

希望本书的读者在阅读完本书后，能够了解某些绩效考核方法效率低下甚至束缚生产力的深层次原因，并且能知晓设计合理的敏捷团队绩效考核方法，进而收获如何打造高效能的敏捷团队的一些知识。

目　录

第1章　敏捷团队绩效考核与其他团队的差异 1
    1.1　敏捷方法的适用范围 2
    1.2　敏捷团队及其成员的特点 3
    1.3　敏捷团队绩效考核的需求 5
    1.4　绩效考核的变迁 24

第2章　敏捷团队绩效考核的指导原则 26
    2.1　考核以团队为单位，还是以个人为单位 27
    2.2　敏捷团队绩效考核六原则 30

第3章　OKR 在敏捷团队绩效考核中的实践 46
    3.1　OKR 的基本方法与原则 47
    3.2　OKR 实施的要点 53
    3.3　OKR 的追踪 56
    3.4　OKR 制订的实战 59
    3.5　OKR 与敏捷团队的绩效考核 62
    3.6　OKR 失败的一些常见原因 64

3.7 OKR 对敏捷团队的特殊意义 74

第 4 章　360 度评估系统考核敏捷团队 76
4.1 360 度评估的流程 77
4.2 评估者的选择 80
4.3 分析评估结果 85
4.4 360 度评估操作要点 92
4.5 360 度评估对敏捷组织的意义 95

第 5 章　KPI 和平衡计分卡的应用 98
5.1 关键绩效指标（KPI） 99
5.2 平衡计分卡 109
5.3 OKR、KPI、平衡计分卡和 360 度评估的配合 112

第 6 章　敏捷组织中的中层管理人员考核 114
6.1 中层管理人员的考核指标 115
6.2 敏捷组织需要什么样的管理人员 117
6.3 中层管理人员的考核方法 123

第 7 章　如何选择合适的考核方法 127
7.1 符合行业和工作特点 128
7.2 性价比合适 137
7.3 符合组织文化和组织的价值观 143
7.4 符合组织的发展变革方向 148

第 8 章　绩效考核与敏捷变革 151
8.1 敏捷向左，考核向右 152

8.2　敏捷绩效考核实施质量的诊断 153

　　8.3　保证敏捷绩效考核方法落地的原则 156

　　8.4　绩效考核是一面镜子 161

结束语 163

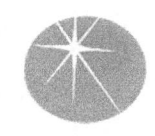

第1章

敏捷团队绩效考核与其他团队的差异

Performance
Management
For Agile Teams

"绩效考核是指考核主体对照工作目标，建立相应的绩效标准，以标准为指导，跟踪员工的工作过程，评定员工的工作任务完成情况、员工的工作职责履行程度和员工的发展情况，并且将评定结果反馈给员工的过程。"

以上这段话来自 MBA 教材对绩效考核的定义。该定义从诞生至今已有几十年的历史了，在各行各业都有广泛的长期应用，并且形成了人们对绩效考核的一般印象。然而这种绩效考核对敏捷团队来讲并不完全合适。本书将在下文中称这种广泛存在的绩效考核为"普通绩效考核"，以区别于本书即将重点讨论的"敏捷团队绩效考核"。

无论何种绩效考核方法，都服务于两个目的：一个目的是帮助组织达成目标；另一个目的是激励员工。普通绩效考核是伴随着工业产业的发展和成熟一同发展和成熟起来的。工业产业经历了近百年的发展，已经进入一个成熟稳定的、高度流程化和分工精细化的状态。而敏捷方法和敏捷团队的绩效考核则诞生于由信息革命带来的变幻莫测的时代。需求的易变性、模糊性和复杂性是这个时代的主题。产业时代和信息时代的区别，造成了普通绩效考核和敏捷团队绩效考核的差别。

1.1 敏捷方法的适用范围

在探讨敏捷团队绩效考核之前，首先要明确敏捷方法的适用范围。敏捷方法并非适用于一切行业和岗位。如图 1-1 所示，所有"快速试错"的领域都属于敏捷方法的适用范围，其项目特点是工作范围、进度和风险等方面的不确定性较高。而所有"一次做对"的领域则属于成熟行业的适用范围，可以精确地估算和计划工作结果。

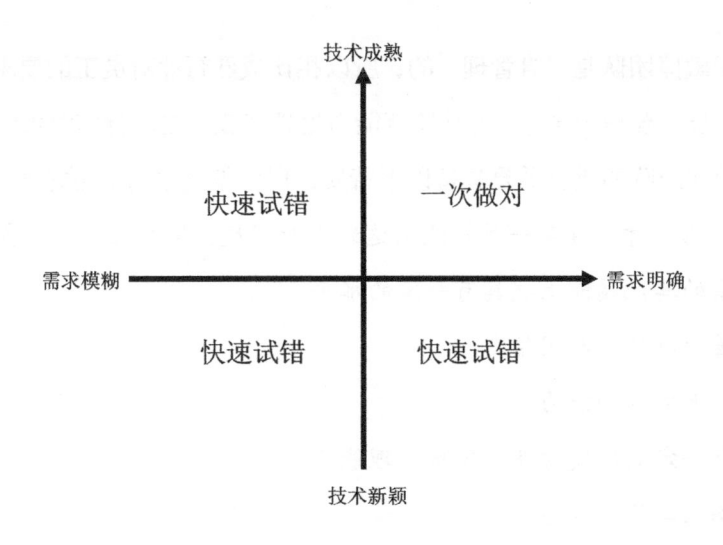

图 1-1 技术与需求的关系

"一次做对"的领域属于传统的以计划和流程控制为核心的项目管理方法所适用的范围。传统的项目管理方法在"快速试错"的领域往往不能尽早地响应变化，导致浪费或错失机会。敏捷方法在"快速试错"的领域，能够发挥其最大效果；在"一次做对"的领域，它虽然也可以强行应用，但是从实施成本和复杂度上来说，并不是性价比最优的选择。

1.2 敏捷团队及其成员的特点

在流程和分工比较成熟的行业中，人们之间的协作主要通过遵守流程来实现，所以在这类行业中，提升效率的主要思路是流程优化。但在敏捷方法的适用环境里充满了易变性、模糊性和复杂性，很难建立能够长久使用且有效的流程。敏捷团队为了取得成功，更加依赖团队成员之间灵活的合作。团队内部拥有在项目生命周期内所需的各种技能，人们能够根据变化和挑战的不同，随时调整合作方式以进行应对，这也是敏捷团队"自管理"的由来。

由于敏捷团队是"自管理"的，所以相比成熟行业对员工的要求，敏捷团队的成员更要擅长合作，尤其要有能力处理在成员之间合作时可能出现的问题。敏捷团队的成员需要具备以下特质，以便彼此之间能更好地协作：

- T形人才，在某一种技能上达到专业程度，同时在完成任务目标所需的其他技能上也具有一定的水平。
- 善于收集和利用信息。
- 有做决策的能力。
- 有一定的冲突管理和风险管理能力。
- 擅长与他人沟通。

成熟行业中的员工对以上特质的需求较弱，因为成熟的流程和精细化分工已经为他们提供了清晰的协作指导。成熟行业对普通员工的要求是，将重点放在专业技能的深度上面。而对敏捷团队而言，团队成员是否具备上述特质直接决定了敏捷团队可能达到的敏捷程度。即使专业技能特别强的人，也不可能预见和应对环境中的所有变化，如果无法与其他人协调工作，专家也不能交付成功的产品。

与由一群专业技能强但是协作技能较弱的专家组成的团队相比，具备以下角色和特长的一群人所组成的团队更容易在高不确定性的环境中取得成功。

- "智多星"：才华横溢、富有想象力。
- "外交家"：性格外向、开朗、热情、好奇心强、联系广泛、消息灵通，是信息的敏感者。
- "协调员"：沉着、自信，有控制局面的能力。
- "推进者"：思维敏捷、主动探索。
- "监督员"：清醒、理智、谨慎。
- "凝聚者"：擅长人际交往，温和、敏感。

- "实干家"：保守、顺从、务实可靠。
- "完美主义者"：勤奋有序、认真、有紧迫感。
- "专家"：诚实、从自我做起、专注，能在急需时带来知识和技能。

在团队中，这些角色未必对应某个具体个人。一个成员可能同时具备"协调员"和"智多星"两种或更多种的角色，但是从整体来看，在团队中，这9种角色都能有对应的人选。

以上9种角色来自贝尔宾团队角色理论，由英国剑桥大学雷蒙德·梅瑞狄斯·贝尔宾博士（Dr. Raymond Meredith Belbin）于1981年首次提出。贝尔宾博士认为，高效能的团队工作依赖默契协作。团队成员必须清楚其他人擅长扮演的角色，了解如何相互弥补不足，发挥优势。成功的团队协作可以提高生产力，鼓舞士气，激励创新。使团队达到这种成熟度，也恰恰是敏捷转型的终极目标所在。

1.3 敏捷团队绩效考核的需求

绩效考核的第一个目的是帮助组织达成其战略目标。由于敏捷方法的适用场景具有高度的易变性、模糊性和复杂性等特点，所以与其他组织相比，敏捷组织达成战略目标的方式有很大不同。在成熟稳定的行业中，达成战略目标的方式是遵循最佳实践所制订的计划，并且严格执行计划直到目标达成。在敏捷方法适用的行业中，以战略目标为导向，通过频繁交付以来尽早获取反馈，并且根据反馈及时调整计划。在调整的过程中充分授权各级单位，支持试错。所以敏捷绩效考核并不按照预设的指标、计划和进度进行，其考核指标要具备灵活性，以价值为导向，并减少对价值生产过程的过度干预和限制。

绩效考核的第二个目的是激励员工。绩效考核的结果往往与奖惩挂钩，但如果简单地与奖惩挂钩，可能加剧员工之间或部门之间的竞争，不利于彼此的协作。在成熟行业中，人们遵循流程和岗位职责的规定进行协作，竞争可以促使人们提升自己的岗位水平但不会阻碍人们的横向协作。但在敏捷团队中，协作模式需要能够应对变化。如果人们担心在绩效考核中失败而减少合作，从而建立起部门墙、岗位墙，那么无疑会导致整个团队乃至整个组织在市场上失败。

在成熟行业中，岗位技能往往可发展出一套成熟稳定的标准，具有专业化、等级化、认证化等特点，能够作为个人绩效考核的参考。而在不确定的环境中，需要的员工技能更加复杂，且由于对员工的协作能力、应变能力等要求有所提升，一些新的绩效考核指标，如沟通能力、理解能力、学习能力、风险管理能力和影响力等纷纷浮现出来。对员工的积极性、勇气、责任感等与工作态度相关的要求也得到越来越多的重视，成为绩效考核中不可忽视的一部分。这种从要求员工具备岗位技能，到要求员工具备综合能力的变化，也可以从过去十年市场上的招聘广告内容的演变上清楚地看出来。随之而来的挑战是，一些综合能力可被感知，但难以量化，无法建立统一的绩效考核标准。如果不能够客观地考核并公平地进行奖惩，容易打击人们的积极性和责任感。

普通绩效考核在应用于敏捷团队时，会产生各种各样的问题，从而制约敏捷转型的进度和敏捷成熟度的提高。对于敏捷团队所需的绩效考核方法，至少能够满足以下条件：

- 提高软技能的考核权重。
- 重激励，轻考核。
- 响应变化高于遵循计划。
- 激励方式多样化。
- 帮助组织持续改进。

1.3.1 提高软技能的考核权重

在成熟行业中，组织更加青睐专业、保守和顺从的员工及团队。贝尔宾团队角色中的"实干家""完美主义者"和"专家"在成熟行业的绩效考核中更容易脱颖而出。事实上，这三种角色所从事的工作类型具有可见度较高、较容易量化的特点，考核的难度较低。对于其他几种角色——"智多星""外交家""协调员""推进者""监督员"和"凝聚者"，他们的智慧水平、外交能力、协调能力、推进能力、监督能力、凝聚能力等难量化，难考核，但对敏捷团队而言是至关重要的，它们常被称为软技能。它们的存在保证了团队能更好地协作和决策，并且能够提升团队的抗风险能力。抗风险能力在不确定性的环境下是至关重要的。为了能激励人们投入更多的精力去提升软技能，在敏捷团队的绩效考核中，一定要提高软技能的考核权重，并且尽可能公平公正地对软技能进行考核。

案例

小马在一个软件开发团队里担任程序员，是一个非常典型的"智多星"。他的知识面广，思维活跃，经常在讨论的时候抛出一些想法，或者在大家都陷入思维定式时提供一个与众不同的视角。他的想法未必直接就是一个成熟的方案，但是总能给团队中的其他人以很好的启发，进而讨论出不错的解决方案。需要提及的是，小马在团队中的技术水平属于中等偏下，开发速度和质量也不突出，偶尔还需要经验更丰富的同事帮助才能完成任务。

小刘和小马在同一个团队，小刘的技术能力强，思维敏捷，好奇心也强，喜欢探索和应用新技术，是一个典型的"推进者"。他是敏捷方法的拥护者，认为与其等待计划和方案都基本完成再采取行动，不如从尝试一些成本低但看起来不完美的解决方案开始。小刘厌恶漫长的需求分析会议和解决方案讨论，认为这些过度的讨论只是在浪费时间，更喜欢快速动手验证想法。他与团队成员和项目经理的关系不太好，团队里有些人认为他太激进，步子迈得太快，给项目带来了风险。而小刘觉得其他人看似忙着开会，但实际上做的都是无用功。

小王在这个团队里做测试工作。小王的技术水平一般，但是人缘好，擅长社交，在公司各个部门都有好朋友。她经常能带回来一些诸如昨天哪个项目的发布遇到什么问题了，今天哪个部门又发生了什么人事变动，与本项目相关的哪个上下游部门出现了什么变动之类的信息。这些信息看似八卦，但实际上团队或多或少地会被这些信息影响。小王对新鲜事物也很感兴趣，经常留意项目的客户市场有哪些竞品出现，哪些行业有新信息。

类似小马、小刘和小王这类员工，几乎在每个IT团队都可以看到。在普通绩效考核体系下，管理人员会认为这类员工"能力一般，但有一些特点，对项目能带来一点帮助"，他们在绩效考核的打分系统里，普遍不会得高分，管理人员给出的反馈往往类似于"希望提高技术水平，承担更多责任"（小马、小王），或者"提升团队合作能力"（小刘）。

因为他们的特点给项目带来的价值是可被感知的，但难以量化。因为他们的主要贡献不与结果直接相关，并且与结果直接相关的交付部分，又恰恰是他们相对较弱的地方，所以似乎管理人员给出这样的考核结果也是有理有据的。但是这些人的价值真的那么小吗？如果我们把他们从团队中移除，就会收获一个传统的IT团队——擅长编码，但不擅长沟通和处理与相关方的关系，总是高效地产出一些客户不认可的产品。

做事的能力就是交付能力，是"实干家""完美主义者""专家"这种角色擅长的。做正确的事，要依靠信息收集和处理能力、决策和应变能力，是"智多星""外交家""推进者"所擅长的。用聪明的方式做事，则是指迭代、试错、群策群力、拥抱变化，需要"凝聚者""监督员""协调员"合力才能做到。在充满不确定性的环境里，方向对了，事半功倍；方向错了，徒劳无功。在敏捷团队中，对"外交家""智多星""协调员""凝聚者"等的能力仅仅口头认可是远远不够的，需要从组织层面在设计绩效考核时就加入相应的指标，并且给予较高的权重。这样才能提升相应角色在团队中的被认可度，激发他们做得更好，并且引导管理人员和员工重视相应能力的培养和提升。

软技能除了难以量化，还有一个困难是，在评估时主要依赖主观判断，难以形成客观的、统一的衡量标准。针对软技能的这些特点，敏捷组织在设计绩效考核系统时，非常有必要将 360 度评估纳入其中。360 度评估可称为多源评估或多评价者评估，它不同于自上而下、由上级主管评定下属的传统方式，而是从与被考核者日常协作紧密的各方收集反馈。通常选取与被考核者协作紧密的 3~4 种角色共 5~8 来人收集反馈。反馈内容包括沟通技巧、人际关系、领导能力等定性指标。这种评估方式综合了多方视角，尽可能地还原出被考核者的工作对团队协作和团队效能提升的影响，减少了仅由上级评价造成的主观和片面的影响，考核结果也更容易被员工接受和认可。在本书的第 4 章"360 度评估系统考核敏捷团队"中会详细讨论 360 度评估方法的实践技巧。

1.3.2 重激励，轻考核

为了更好地应对变化，敏捷团队除了需要员工具有 T 形人才的特质及良好的协作能力，还需要员工具备好奇心，有勇气面对困难和挑战，持续学习，持续改进。这些特质是无法通过外部刺激，如物质奖励、施加压力等获得的，必须来自员工的内心，即员工的内在驱动力。普通绩效考核以考核为主，对员工的激励模式主要是根据考核结果给予奖惩。这种模式过度依赖外部刺激，在激发员工的内在驱动力方面效率低下。对于敏捷团队的绩效考核模式，则要以激发员工内在驱动力为主，物质奖惩等外部刺激为辅。

1. 普通绩效考核在激发员工内在驱力方面效率低下

从绩效考核的定义中我们能够看出，在制订绩效考核指标时，出发点是目标（往往是公司的战略部署），其目的之一是指导公司内部各部门和人员的日常工作；其目的之二是依据考核结果检视目标的达成情况，同时对员工的日常行为进行评定。大部分公司会依据评定的结果进行奖优罚劣，起到激励和警示员工的作用。普遍的做法是，基于绩效考核的结果设立清晰的与奖惩相关的等级，并且明确规定达到每个等级应该符合的标准和达到对应等级的奖惩规则。表 1-1 是某知名互联网公司内部的金字塔式员工绩效考评体系。员工的年末考评结果将形成一个最终的分数，使用分数区间来划分等级，并且对应相应的工资涨幅、股票奖励、晋升机会等激励手段和可能的惩罚手段。

表 1-1　某互联网公司内部绩效考评体系

分　数	定　义	分　布
5	杰出	≤20%
4.5	持续一贯地超出期望	
4	超出期望	≤15%
3.75	部分超出期望	
3.5	符合期望	50%
3.25	需要提高	≥15%
3	需要改进	
2.5	不合格	

注：5 分对应大额的奖金或股票激励，4~4.5 分对应工资涨幅为 30%，3.5~3.75 分对应工资涨幅为 10%~15%，3~3.25 分对应不涨工资，2.5 分对应被劝退。

这种基于考核结果进行评分，进而关联奖励或惩罚的机制，是在普通绩效考核中进行员工激励的主要形式。这种机制的逻辑清晰，执行简单，是一种被广泛接受的模式。这种金字塔式的评分机制为人们建立了一个明确的努力坐标，人们可以比较容易地找到自己的定位，并且看到接下来努力的方向。在这种评分机制下，杰出人员会得到巨额的奖励。其作用是：一方面，奖励得奖的个人，鼓励其继续为公司做出贡献；另一方面，对低级别的"围观群众"起到激励的作用。

但是这种常见模式在激励员工方面并没有像人们普遍认为的那样高效。一个激励效果好的模式应该能激励公司中的大多数人，使他们具有更高的工作热情，增强工作主动性，愿意承担更多责任。而普通绩效考核的评分机制在这些方面的效果极其有限，主要有以下两个原因。

原因一：给杰出人员丰厚奖励，对 **90%** 的人没有激励作用。

案例

2006 年，总部设在美国加州的谷歌公司，希望通过给予公司股票来激励和保留员工。它给当年为公司做出杰出贡献的两个项目组成员发放了总价值 1 200 万美元的公司股票。公司还计划每年以"创始人奖"的名义向表现优秀的员工和团队赠送数量不菲的公司股票。谷歌公司的两位创始人谢尔盖·布林和拉里·佩奇说："'创始人奖'旨在以特殊方式嘉奖那些为公司做出特别大贡献的员工。该奖项的总原则是，受嘉奖员工的某一行为为公司创造了巨大的价值。"

许多公司未必如谷歌公司般财大气粗，但是也会在年度或季度考核结束后给表现杰出的人员丰厚的奖励。这种方式的实际激励效果如何呢？事实上，谷歌公司的"创始人奖"在颁发两年后就停止了。管理人员发现，公司 95%的员工和团队并不会受到这个奖项的激励，因为大部分人都认为自己即使特别努力，获奖机会也很渺茫，所以认为这个奖项与自己无关，即压根不会为了想得奖而努力工作或者提升自己。

> **示例**
>
> IBM 公司内部有一个 Best of IBMer 奖项，这个奖项每年颁发给对公司有杰出贡献的个人。获奖的 IBMer 除了获得物质奖励，还可以携带家人去夏威夷度假，在风光优美的五星级酒店里和 IBM 公司的 CEO 及核心管理团队享受晚餐。然而，根据相关调查，几乎很少有员工会被这个奖项所激励，因为得奖难度太大，有 95%的人认为自己无论如何努力都不可能得奖。

对杰出人员给予巨额奖励，对得奖的个人而言自然有激励作用，然而如果想让这种模式起到更广泛的激励效果很难。对大多数人而言，那种稍微努力一下就能获得的奖励，哪怕是微小的，其激励效果也比金字塔顶端的奖项的诱惑大得多。

原因二：公司负担不起单靠物质奖励进行激励的成本。

普通绩效考核主要依赖物质奖励达到刺激效果，如收入的增长、职位的晋升等。一些调查显示，当员工的工资在 3 000~8 000 元时，10%左右的涨幅对员工的留存和激励作用非常明显；当员工的工资超过 1 万元以后，10%左右的涨幅对员工的激励效果迅速递减；当员工的工资超过 2 万元后，10%左右的涨幅对员工的激励效果几乎可以忽略不计，对员工的留存作用也开始减弱。事实上，如果为每年达到"符合预期"标准以上的员工提供至少 10%的工资涨幅，对大部分公司来说这个负担已经非常大了。

虽然物质激励法的激励效果有限，但是物质激励一旦减少，甚至停止，那么对员工的负面效果就会非常大。如果公司对员工的激励措施基本上是靠外部的刺激而非挖掘员工内在驱动力，一旦公司的发展停滞，或者预期不好，那么立刻会形成强大的负面影响，包括员工工作的动力下降、离职率增加和效率降低等。

从这两个原因可以看到，物质奖励和外部刺激在满足员工的基本需要、降低员工离职率方面比较有效，但在激发员工的斗志、使员工勇于探索、承担更多责任方面效果并不好。

2. 激励员工要以激发内在驱动力为主，物质刺激为辅

员工的工作热情、工作主动性、责任感等品质随着环境的不确定性提高而变得对团队和组织日趋重要。既然普通绩效考核方法在这方面的激励效果不佳，那么就需要有更有效的方法来取代它。事实上，现在已经有很多以激发员工内在驱动力为核心的考核方法了，OKR（Objectives and Key Results，目标和关键结果）就是其中之一。

OKR 方法的出发点就是激发团队的工作热情，赋能团队。严格来说，OKR 不算考核方法，而是一套目标管理系统，用来制订目标并跟踪其完成情况。它为绩效考核带来了非常重要的参考信息，所以 OKR 也是组织的绩效考核系统的重要组成部分。本书会在第 3 章 "OKR 在敏捷团队绩效考核中的实践" 对其进行系统的介绍。

OKR 在设立目标时，主张设立稍有难度的目标，其难度既能激发员工勇于挑战的热情，又不至于太打击员工的积极性。另外，与普通绩效考核中使用绩效指标传达 "做什么" 和 "怎么做" 的方式不同，OKR 的目标首先聚焦解释 "为什么"，同时授权团队参与制订与 "做什么" "怎么做" 相关的关键结果。在 OKR 执行过程中，团队也被授权根据实际情况对关键结果进行调整。这实际上给团队留下了自主决策、尝试不同解决方案的空间，从而让员工有可能发挥自己的智慧，选择自己喜欢的方式，实现自己的想法。员工都有做决策的欲望，给他们授权，能够激发他们对工作的兴趣。

同时，让他们参与决策，能有效提升他们在执行过程中的责任感，所以OKR在谷歌、领英等敏捷型公司中大受追捧。

事实上，除了物质刺激，还有其他很多方式可以让员工受到激励，甚至比物质刺激更加有效，如成就感、赞赏、工作本身的意义及挑战性、责任感等。在工作环境和文化中，为员工创造能够经常获得这些刺激的条件，是组织内部各级管理人员的职责。而绩效考核能引导他们向这方面投入更多的努力，并且能考核他们努力的质量。

在传统管理学（诞生于20世纪的工业时代）中，管理人员的职责是对计划负责，制订和监督员工执行计划是他们的主要责任，命令和控制是管理过程中的主要行为模式。这样的方式会束缚员工的主动性和创造力，无法点燃员工的工作热情，也不利于员工承担更多的责任。对于处于复杂的、变化的环境中的组织，这些显然是不利的。然而，传统的管理学历史悠久，对人们的影响深远，以至于在当今社会上担任管理职位的很多人仍然深受其影响。在敏捷组织中，需要管理人员改变其行为，需要善于授权，善于激发员工内在驱动力，能够拥有教练式领导力、引导能力等，形成"敏捷领导力"。

绩效考核除了激励效果，还有另一个效果，即威慑效果，如绩效考核的末位淘汰制。事实上，"压力"是传统的管理人员在日常管理中经常使用的手段之一。管理人员能够使用的压力有很多种，有直接压力，也有通过职位给下属带来的隐形压力。掌握绩效考核的权力，也是其能使用的压力的一种。

神经学研究表明，压力越大，人们的行为越依赖条件反射，而非深思熟虑，更谈不上创造力。如果一个岗位的工作内容重复性较高，则使用压力会对生产效率产生正面影响。但对于敏捷方法所适用的岗位，需要员工保持思考能力、应变能力和创造力，所以敏捷团队的管理人员在管理方式上需要善用内外激励手段，控制使用压力手段，并减少由于管理人员的权限给员工带来的隐形压力。

在考核敏捷团队的管理人员是否拥有足够的敏捷领导力时，360 度评估法有其独特之处。敏捷领导力的强弱，属于在过程中可感知、但在结果上难量化的指标。KPI、OKR 等以结果为导向的方法并不擅长对此类指标的考核。而 360 度评估法则可以通过设置合理的问题，从多个合作人员处收集反馈，形成管理人员的敏捷领导力画像，从而客观地描述其敏捷领导力的成熟度。本书会在第 4 章 "360 度评估系统考核敏捷团队" 中对其进行系统的介绍和案例分析。

平衡计分卡在帮助营造能够激励员工的内部环境方面非常有效。平衡计分卡将绩效分为财务、客户、内部流程、学习与成长四个维度。平衡计分卡认为财务指标属于结果，而客户、内部流程、学习与成长则是产生结果的原因。如果只考核结果，员工可能为了短期目标而走一些捷径，例如，单纯延长工作时间，给下属施加更多压力等，而非进行系统的流程优化，或者给员工足够的时间和资源进行知识的储备和更新。这种行为会给员工的积极性、工作态度等带来负面激励，为组织长久的发展埋下隐患。所以平衡计分卡将内部流程、学习与成长一同纳入绩效考核，从而平衡短期目标和长远目标。本书会在第 5 章 "KPI 和平衡计分卡的应用" 中对它的平衡理论进行系统的介绍。

1.3.3　响应变化高于遵循计划

"响应变化高于遵循计划" 这句著名的敏捷宣言在敏捷团队绩效考核中同样适用。敏捷方法之所以能够流行起来，就是因为社会环境、产业环境的变化较以往更加快速和频繁，标准答案越来越少，历史经验和所谓的最佳实践的参考价值也越来越低。在很多行业里，变化成了唯一的不变。在这样的环境下，战略和工作重心发生变化、原有计划被废除等对敏捷团队来说是常有的事情。所以服务于战略的计划和落地的绩效考核系统也注定要变得更加灵活。

大概在十年前，一个组织在制订战略计划的时候，还能以年为单位，甚至延续三年或五年，不用担心发生太大的改变。所以普通绩效考核的制订也是以年为单位的，考核期间几乎不会发生大的变化。对于当今的组织，尤其是互联网组织，战略调整要频繁得多。战略的大方向在一到两年内可以保持不变，但具体的战略内容每三到五个月调整一次是非常正常的。绩效考核作为组织战略落地的保障手段，如果不能根据最新的变化及时进行调整，组织和团队将在错误的道路上浪费很多资源，还会失去很多机会。

除了战略发生变化会导致绩效考核发生变化，随着时代发展的步伐不断加快，新的职业和角色也在不断地涌现，如 Scrum Master、产品经理、敏捷教练等。每年，我们都能在各行各业中发现一些以前不存在的角色和职业。在成熟行业中，各角色的职责相对固定，在流程中的位置和作用也有明确的定义，所以针对其进行绩效考核是相对容易的。然而对于新涌现出来的职位和角色，其职责及在组织中的定位和作用尚在不断调整中，呆板的考核指标无助于提升这些职位的效率，反而扼杀了许多可能性。

根据战略、优先级、计划及新职位的变动来对绩效考核进行及时的调整，能给组织带来非常大的好处。但是频繁地调整绩效考核需要组织付出很多的精力，并且要将调整后的绩效考核内容重新进行沟通，这需要花费不低的成本。组织的规模越大，调整绩效考核的成本就越高。当调整绩效考核给组织带来的管理成本达到一定程度时，就需要从成本/收益的角度去计算，从而得出在什么样的情况下绩效考核要及时响应变化，在什么样的情况下需要放弃改变绩效考核带来的机会成本，坚持原考核模式。

当然，调整绩效考核带来的成本问题并不是我们拒绝调整的理由，敏捷团队的绩效考核制订者应该擅长减少和控制绩效考核的调整成本，从而让绩效考核更好地支持组织以拥抱变化。OKR 工作法提供了一些思路。不同于传统的绩效考核以"做什么"为中心，OKR 的"目标"回答了高度抽象的"为什么"，即组织的经营活动最想获取何种价值，将"做什么"授权给各级部门自己制订，并允许按需修改。因为"做什么"受外界因素的影响较大，而"为什么"则能够在较长的时间段内维持稳定。这样做可以保证在绩效考核调整较少的情况下，仍能保持相当的灵活性。另外，无论是对于员工还是部门，每个季度聚焦的目标不超过 2～3 个，每个目标设置不超过 4 个关键结果（Key Result），这样不但能帮助组织聚焦，还能进一步减少 OKR 调整和沟通的成本。

在不确定性高的行业里，为了确保组织战略和工作重点能够做出及时的、正确的调整，在战略落地的过程中频繁地收集反馈对敏捷组织而言也至关重要。绩效考核的报告是查看战略执行情况，以及观察运营优势和短板的重要手段。绩效评审的主要目的是考核人们对量化指标的完成情况，并不会收集人们对考核内容的看法。而 OKR 和 360 度评估法则能频繁地、多角度地收集反馈。底层反馈会对战略造成影响，战略的变化又会带来绩效考核的调整，调整后的绩效评审还会带来新的反馈，这个循环一旦形成，就会给敏捷组织的战略带来良性的持续改进（见图 1-2）。

图 1-2 战略与绩效考核的良性循环

1.3.4 激励方式多样化

激励员工是绩效考核的一个重要作用。普通的绩效考核要跟物质奖励、晋升机会等挂钩。如前文所说，这类外部刺激在让员工具有工作热情、提升工作主动性、承担更多责任、更好地与他人协作等方面作用有限，所以它并不适合敏捷团队。

美国著名心理学家赫兹伯格（Frederick Herzberg）提出过一个与激励相关的理论，叫双因素理论。传统的管理思维认为，糟糕的工作环境、不算高的收入、复杂的流程和官僚作风等都会让人不开心。改善这些因素，可以帮助员工提升工作积极性。但是赫兹伯格认为，让一个人积极工作，和让一个人消极工作是完全不相干的两码事。即使上述事情被管理得很好，也无法激励员工更出色地工作。你可以把办公桌换成可升降的超大桌子，把椅子换成舒适的人体功能学座椅，员工对此会感到开心，并赞美公司的福利政策，但是这些并不会激励员工全力做好工作。相反，员工会因为诸如扩大了的职责范围、具备做好一项有挑战性的工作的能力、自己有做决策的机会，以及有团队归属感等其他因素受到激励。

所以赫兹伯格提出了激励因素和保健因素的概念。

（1）**激励因素**：有挑战性的工作、成就感、个人发展、认可度和能承担更多责任等。

（2）**保健因素**：职业安全感、薪水、身份、工作条件、假期、福利政策和附加好处等。

> **案例**
>
> 硅谷的许多著名互联网公司给员工提供了优越的办公环境（员工可以在宽大舒适的沙发上开会），24小时供应丰盛的食物，还配有健身房、浴室等设施。优越的办公环境虽然可以提升在职员工的满意度，

并提高公司在人才市场上的吸引力，但是真正让员工保持活力、全力投入工作的，还是公司给予团队和员工在研发过程中的充分授权，即信任员工不需要过度的监管，自己就有能力做好职责范围内的事。这些让员工有了更多的决策权，有机会尝试自己的想法，同时公司文化也鼓励员工挑战有难度的事情。

对于普通绩效考核的激励机制，无论是用奖励制度激励员工，还是用淘汰制度给员工带来压力，都局限于保健因素。正如在本章一开始所描述的那样，它对少数人能起到激励作用，但是对于在考核结果金字塔中间的大多数员工而言，激励的效果有限。如果强行提高外部刺激的强度以达到普遍激励的效果，组织将不得不付出极其高昂的成本，但是它在保持员工的满意度上效果是不错的。

贴士

有一些员工明确要求提高奖金或津贴，怎么办？这说明他对保健因素不满意。保健因素虽然不会起到激励员工的作用，但是保健因素得不到满足，会降低员工工作的积极性。你可以满足他的要求，但同时也要知道，这对他的积极性的影响是非常短暂且易逝的，更大的作用只是避免他的效率降低，甚至离职而已。

激励因素的出现扩展了组织在激励员工方面的选择。为了激励更多的人，组织需要在做好普通绩效考核的基础上发展其他手段来提升工作环境中的激励因素。激励渠道除了涵盖激励因素和保健因素，还应涵盖各个能力的维度，例如，使一个技术平庸的开发人员有机会因为出色的协调能力而受到认可并获得奖励，而非一切以考核的最终结果为依据。这种认可和奖励的多样性要在绩效考核指标中体现出来。

人们常说："考核什么就会得到什么。"在这句话的背后，说明绩效考核具备指挥棒效应，即哪些东西被考核且权重高，人们就会把有限的资源投入其中。所以，可以在设计绩效考核体系的时候，通过考核团队和部门在建设激励因素方面的作为，来确保员工重视它并开展切实的行动。平衡计分卡是一个不错的选择，它能平衡员工在财务绩效、客户满意度、公司流程优化，以及员工学习与成长方面的投入，保证每个领域都能获得相应的资源和投入，避免一切都以财务绩效的结果为导向所带来的对员工激励因素的牺牲。在OKR体系中，员工对"做什么"来满足组织的目标具有一定的决策权，于是他们有机会承担更多的责任。在OKR设置目标时，也主张设置具有一定挑战性的目标，以满足一定的激励因素。360度评估可以用于检测激励因素建设的成果。敏捷团队在设计绩效考核体系时，应灵活地组合运用这几种方法，这可以大大提升员工对"激励因素"的满足感，激发他们的内在驱动力，从而取得更大的工作成果。

在普通绩效考核的激励方式中，还有几种常用的，但是效果同样有限的激励方式。例如，有些员工做出了成绩，HR部门或管理人员会给予适当的礼物，表达对员工工作的认可，或者设立专门的奖项奖励某些特定行为。这类奖励仍然属于外部刺激，有别于可激发内在驱动力的责任感、有挑战性的工作等，这些手段都是为了给员工提供除年终考核之外获得认可的机会。认可属于激励因素的一种，但是这种方式未必总能达到激励的效果。

> **案例**
>
> 《24只胡萝卜的管理》一书讲了一个这样的故事：法瑞斯走出大学校门后，就职于一家银行。一开始，她只是银行的一个接线员，但她在接线的时候发现了一个关键信息。这条信息后来促成了一个共同

> 基金项目的销售，为银行带来了数百万美元的丰厚收益。
>
> "他们给了我什么？"法瑞斯自问。她说："一个带银行标记的办公书包！我的回报就只是一个书包。在银行中没有任何一位同事像我一样做了这件事，可是他们只给了我一个书包！"

这个故事给了我们一个很重要的启发：当我们使用外部刺激的激励手段时，员工的贡献到底值多少，应该获得什么程度的激励。对此，员工自己的评估和外界的其他人的看法可能完全不同。如果员工认为自己的贡献没有得到相应程度的奖励，那么无论事实如何，该员工不但不会受到激励，其积极性还会受到打击。

团建活动也是一种常见的激励手段。在团队取得了一定的成果后，上级拨款奖励一次集体宴会或旅游，这既可以表达对成员努力的认可，适当激励成员，又可以增进成员之间的关系。但是对于不喜欢社交，或者只是选择性进行社交的人来说，这不但算不上激励，反倒是一种折磨。

从一般意义上来讲，奖励是好事。但是结合到具体的人和事之后，奖励未必都能达到激励的效果，有时还有可能起到反作用。普通绩效考核的激励模式太单一，不考虑个体对激励手段的感受的差异性，这也是其激励效率低的原因之一。

另外，如果大部分激励手段都属于外部刺激，会使员工产生依赖性。一旦外部刺激的频率降低，或者强度变小，员工的主动性会立刻下降。另外，持续维持高强度的外部刺激，对组织的经济压力又太大，也是不可取的。

在如何激励员工这件事上，传统的方式正在渐渐丧失其有效性。很多管理人员认为应该有效的激励手段，实际效果并不理想。组织迫切需要扩展激励的手段和渠道。如何从员工的角度出发，设计行之有效的激励方式？敏捷方法中已经有很多不错的实践，如服务型领导力、情景领导力、教练式领导力等。管理人员需要至少掌握其中的一种及实践方法，才能在管理敏捷团队时更有效地激励员工。对于采纳敏捷方法的组织，在管理人员的绩效考核指标中应包含有关敏捷领导力方面的内容，这能够有效地促使管理人员学习和实践新的激励技术，丰富组织内部的员工获得激励的渠道。平衡计分卡非常适合制订和跟踪这类考核指标，引导管理人员的行为。360度评估法适合考核管理人员在敏捷领导力方面进行实践的质量。

贴士

有一次，在我做管理培训的时候，一位从业30年的老HR义愤填膺地吐槽"90后"难管。从他的角度来看，职场主力"70后"和"80后"保守、顺从、务实可靠、忠诚度高。而"90后"则不然，即使公司已经提供了不错的办公环境和薪水，他们也经常会仅仅因为"干得不爽"或者"没兴趣了"而说走就走。我听完之后倒觉得这是一件好事。"90后"在初入职场时的物质基础普遍比"80后"及"70后"更坚实，所以保健因素对他们的去留约束较少，以物质奖励为主的外部刺激对他们的影响相对弱一些。他们在潜意识里更多地追求能激发他们内在驱动力的工作和环境。他们比职场前辈更看中以下因素，例如，在工作中发现个人兴趣、被尊重、拥有更多的自由、拥有思考和创造的空间。事实上，他们所期待的工作环境，也恰恰是敏捷方法中提倡的。因为敏捷团队的使命是应对变化而非遵循计划，所以敏捷团队需要更积极主动、更有创造力的人。一个人不可能既保守顺从，同时又积极活跃、有创造力。如果一个组织需要积极主动、有创造力的人，那么就应该接受他们的这种不稳定性，并努力提升工作环境中的激励因素，让他们稳定下来。

1.3.5 帮助组织持续改进

判断一个组织是否敏捷，主要应判断该组织是否能持续有效地做出改进。要能够做出有效的改进，首先应识别需要改进的地方。在对各级员工进行绩效考核时，除了给出最终结果，还应该在考核过程中发现以下问题的答案：

- 员工有哪些优秀的行为，需要在下一个绩效考核周期内继续保持，甚至发扬光大？
- 员工有哪些行为，需要做出改进？应该改进到什么程度？
- 在员工的改进列表中，优先级是怎样设置的？
- 员工的自我评价与绩效考核者给予的评价是否一致？如果不一致，原因是什么？

普通绩效考核更多地关注考核结果，而缺乏对过程进行细致入微的记录和分析。另外，除了可以明确量化的一些指标，其他指标的判断主要以上级的主观感受为准，缺乏来自多个角度、多个相关方的反馈对比。普通绩效考核得出的结果是一个抽象的分数，对上面这些问题很难给出精确的答案。然而，对于敏捷组织而言，这些问题的答案远比最终评分更加重要。绩效考核的结果要为这些问题提供具体的描述，而非停留在某员工"缺乏沟通与合作能力"这种模糊的描述上。在获取答案的过程中，每个答案都需要综合多方的观点。应该发扬光大的行为和需要改进的行为也都要紧密结合实现组织战略目标的需要，而不应以考核人员的主观判断和个人喜好为主。OKR法和360度评估法都能有效地帮助组织在绩效考核的过程中发现和记录这些问题的答案，以便进行有针对性的改进。

对于一个持续改进的敏捷组织来说，除了能够做到有针对性地改进，还要能做到频繁地改进。如同在每个迭代都要坚持召开敏捷回顾会议一样，敏捷团队的绩效月度考核、季度考核都要尽量保证举行，这样才能频繁地度量组织战略的执行情况，尽早发现可以改进和调整之处。

1.4 绩效考核的变迁

以"考核"为核心的普通绩效考核理论诞生于 19 世纪 90 年代，经过发展，KPI 和平衡计分卡成为其代表方法。当时主流的产业为制造业，经历了近百年的发展，已经具备了成熟的、标准的流程，分工也做到了精细化和专业化。在这种行业里，普通员工的工作具有以下特点：

- 分工明确，职责仅限于当前岗位。
- 工作容易量化。
- 使用的技术单一。
- 工作内容重复度高。
- 要求遵守流程和岗位规范。
- 具有保守、顺从、执行能力强等特点。

在那个时代，组织和团队效率的提升更多地依赖整体流程的优化及精细的分工。这使大部分工作可量化。另外，精细化分工和标准的流程化生产带来的附加好处是岗位的培训成本较低、成熟工种所需的培训过程相对较短、替换员工的成本较低。员工的内在驱力是否被激发，对组织的整体效能来说影响较小。在这样的大背景下，以"量化"为核心，一切以结果为导向的考核机制是行之有效的。

敏捷方法是随着信息时代的崛起而诞生的。信息时代也被称为"VUCA"时代，它是 Volatility（易变性）、Uncertainty（不确定性）、Complexity（复杂性）、Ambiguity（模糊性）的首字母缩写。在这个时代，对人、团队、组织的协作方式和管理方式都与产业时代完全不同，人们需要更灵活、更开放地适应变化。敏捷方法应运而生，绩效考核也随之发生了变化。

小米的总裁雷军在一次采访中提到：KPI 是传统工业时代在管理上的创新和成就。在工业时代，改善 KPI 只有一条路，那就是改善效率。KPI 能够完整地反映效率的改善，但是，在互联网时代，KPI 已经反映不了了。在工业化的成熟行业中，流程和管理代表先进的生产力，所以人要适应流程，服从管理。而在敏捷行业中，人的智慧思维和创意代表着先进的生产力，流程和管理要为人服务。

当今世界是复杂的，既有诞生数十年、技术与流程成熟稳定的红海行业，也有处于起步阶段、充满不确定性、风险与机遇并存的蓝海行业。即使在一个稍具规模的公司内部，也会同时存在需求相对稳定、技术比较成熟的工作，以及需求模糊、风险与意外高发的工作。对于技术成熟、需求稳定、管理规范的工作，我们需要精细化分工、员工各司其职、保守顺从，在这种情况下普通绩效考核足以提供物美价廉的支持。但是对于需求无法确定，或者专业性强、风险高的工作，则需要发挥人的主观能动性、彼此之间更好的合作，以便在解决问题的同时少走弯路，在这种情况下敏捷绩效考核有了用武之地。这两种方法并非具有非此即彼的关系。

敏捷方法和敏捷团队的绩效考核方法是众多方法中的一类。选择什么方法固然重要，然而在这个复杂的世界里，更重要的是，首先理解方法是为了解决什么样的问题而设计的，然后在面对具体场景时能系统地分析并做出正确的选择。

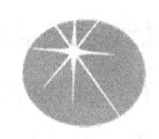

第 2 章

敏捷团队绩效考核的指导原则

Performance
Management
For Agile Teams

何种绩效考核方法能够客观地考核敏捷团队的绩效，并有效地激励敏捷团队？正如本书第 1 章所描述的，这本质上取决于敏捷团队所处的环境、所要实现的目标，以及敏捷团队成员的特点。它与普通绩效考核相比，既有共性，也有差异性。它有一些独有的、重要的指导原则。无论敏捷组织打算引入 OKR、KPI，还是自创绩效考核方法，这些原则都是通用且必要的。

2.1 考核以团队为单位，还是以个人为单位

在正式讨论敏捷团队需要遵守哪些绩效考核原则之前，需要先对一个问题进行澄清，那就是敏捷团队的绩效考核是以团队为单位，还是以个人为单位？

在普通绩效考核中，既有各级团队层面的考核，又有个人层面的考核。团队的整体表现会对个人绩效考核的最终结果产生一定的影响。考核团队还是考核个人，对于普通绩效考核来说从来就不是一个问题。然而在讨论敏捷团队绩效考核，或者决定个人的绩效时，人们经常会听到"只考核团队，不考核个人"（或者强化考核团队，弱化考核个人）这种说法，许多敏捷专家也都持有这种观点。但是这种观点为敏捷组织的绩效考核带来了很大的困惑：如果组织的管理人员要求必须考核个人怎么办？如果不考核个人绩效，那么团队的内部奖金应该平均分配吗？只考核团队，不考核个人，显然在操作时有一些不合理性。

之所以在敏捷学术界会形成"只考核团队，不考核个人"的看法，有两个主要原因：一个是敏捷团队工作结果的统计方式，另一个是敏捷团队的内部合作方式。敏捷方法中有一些衡量进度和产出的量化工具，例如，Scrum 方法中追踪迭代进度的燃尽（升）图、追踪多个迭代速率的速率追踪图、看板方法中追踪效率的累积流图（Cumulative Flow Diagram）等。

这些图表统计和追踪的都是团队的速率,以及团队作为一个整体的工作进度,敏捷实践中并没有提供追踪个人速率及完成情况的工具。每个迭代的交付结果,也不再是以个人为单位的任务完成列表,而是一个群体合作的最终产物——最小可行产品(Minimum Viable Product)。这种工作方式让团队的进度和产出变得清晰及可度量,但是个体的贡献在统计报表上变得模糊。所以考核敏捷团队是相对容易的,考核个人则缺乏直接依据。

敏捷方法提到的"考核团队"并非等同于"绩效考核"。将二者混为一谈是许多错误观念产生的根本原因。敏捷方法中的"考核团队"是以团队为单位来验收成果的,以便统计工作效率,作为进一步改进的依据。而敏捷团队的"绩效考核"与广义的绩效考核一样,既包含各级团队层面的考核,又有个人层面的考核。它不仅要验收成果,还要能够反映组织内部经营的真实情况(包括财务、成本、流程、人才等各个方面),为与组织生产经营相关的决策提供参考资料。二者的概念并不在同一个层面上。

对于个人的绩效考核而言,在敏捷方法中采用的合作方式确实模糊了个体的贡献边界,没有提供追踪个人贡献的方法。所有符合敏捷宣言和敏捷十二原则的实践方法都具有一个共同的特征,即最大限度地提升人们的合作效率。如极限编程中的"结对编程"实践,再如 Scrum 实践中的计划扑克牌和回顾会议等各种群策群力的做法。如果严格按照敏捷方法的指导进行活动,那么结果就是在敏捷团队内部,大部分产出都是合作的成果,个体的贡献边界变得模糊。

然而这并不意味着敏捷方法主张不考核个人,事实上,敏捷方法从来没有提出任何关于绩效考核的指导原则或实践方法。许多人之所以认为敏捷方法模糊了个体的贡献边界,将以团队为单位计算产出和评估进度的做法直接等同于"敏捷方法主张考核团队不考核个人",一方面是因为普通绩效考核与敏捷方法有诸多冲突之处,而市面上缺乏专门的关于敏捷团队绩效考核的理论著作，导致人们找不到明确的考核依据，只得根据敏捷方法的一些现象来推测；另一方面是因为人们对绩效考核持否定态度，在潜意识中希望避免考核个人带来的一些问题。因为跟踪个人的任务完成情况，并将结果计入绩效考核的做法，属于一种潜在的阻碍团队建设的因素。这种基于个人的考核，带来的是个体之间存在竞争而非合作。个体之间存在适度的竞争是好事，但是也会造成诸如成员对"能见度"高的工作更感兴趣、成员之间的合作减少、对岗位经验和知识有保留地分享、彼此之间的信任度降低等现象。如果在绩效考核的过程中需要对个人的绩效进行横向对比，那就无法阻止这些现象成为"潜规则"。由于敏捷方法的适用环境对人们的协作有着更高的要求，这些负面现象导致了个体之间的竞争，其带来的好处对敏捷团队而言得不偿失。

对个人的考核和横向评比，虽然会给敏捷团队带来一些问题，但仍然是有必要的。即使团队合作非常重要，并且每个人在合作中都有其独特的、不分高低的价值，个人的贡献大小也仍然是有差异的。如果不能在绩效考核中体现这种差异，并且根据差异给予不同的物质奖励，那么最终导致的结果就是没有人愿意多付出劳动或提升能力。所以对个人进行横向对比是有必要的，无须逃避。而人们不喜欢绩效考核，并不是厌恶被横向比较，而是厌恶考核的过程不公平、不透明，以及上级的主观判断与自己的付出有差距。这也确实是很多组织在绩效考核过程中真实存在的问题。人们应该思考的是如何解决这些问题，而不是拿"敏捷方法主张考核团队不考核个人"这种片面的解释当挡箭牌，因为绩效考核问题并非敏捷方法打算解决的问题。

无论是考核敏捷团队还是考核团队中的个人，都需要遵守一些独特的原则，从而提升绩效考核的公平性、透明程度，达到促进合作、激励个人的作用。这些独特的原则也是敏捷团队绩效考核区别于普通绩效考核的主要差异。

2.2 敏捷团队绩效考核六原则

基于前文提到的敏捷团队的一些特点，在为敏捷团队选择或制订绩效考核方法时应该遵循以下原则：

- 授权原则。
- 透明原则。
- 持续改进原则。
- 多渠道激励原则。
- 近者打分原则。

2.2.1 授权原则

在敏捷团队的绩效考核方法中，应该能够体现出对团队和个人的授权。这种授权有以下两方面的含义。

含义1：在制订绩效考核指标时授权员工参与

在普通绩效考核中，绩效考核指标主要由上级制订，层层向下传达。当环境复杂多变时，即使绩效考核指标的制订者能力超群，也很难做到面面俱到。于是在绩效考核实践中，经常会遇到组织认为考核甲指标就够了，但在执行过程中又出现一个乙指标，拖累了整体考核的情况。敏捷方法对类似问题有相同解决方案，思路永远都是"群策群力"，这在制订绩效考核指标时也适用。在OKR方法和PBC（Personal Business Commitment，个人业绩承诺，是IBM创立的基于战略的绩效管理系统）方法中，绩效指标既包含上级制订的，并由上至下分配的指标；也包含由下至上，各级部门和人员结合自身实际情况制订的，并经上级批准同意的指标。这种方式既能够贯彻组织的战略计划，又能够兼顾各层级在执行过程中的复杂性，避免绩效考核对敏捷团队产生束缚。

含义 2：在绩效考核指标的执行过程中授权员工对指标进行调整

在普通绩效考核中，绩效考核指标描述了"做什么"和"怎么做"，对组织内部从上至下的工作起到了很具体的指导作用。而敏捷团队的工作具备很高的不确定性，其"做什么"和"怎么做"远远不如成熟行业中的工作那么确定。敏捷团队的绩效考核方法应该以战略目标为导向，但在"做什么"和"怎么做"方面给予员工信任和授权，允许他们根据实际情况进行调整。典型的例子是 OKR 方法。在该方法论中，目标（Objective）是组织希望通过经营活动获取的最终价值，关键结果（Key Result）则规定了围绕价值需要"做什么"和"怎么做"。关键结果是由员工参与制订的，在执行的过程中也保留了被考核者对关键结果的修改权，从而在保证目标不变的前提下为执行提供了灵活性。

敏捷方法主张团队在决策和行动上具有一定的自主性和灵活性。而绩效考核是一个考察团队或成员做了什么，以及做得好不好的流程。所以二者在执行过程中很容易变得对立起来。绩效考核方案应满足授权原则，并能够有效减少这种对立，激活和赋能敏捷团队。

> **示例**
>
> 在丰田汽车公司，工作在生产线上的一线员工如果发现正在生产的一辆汽车上有瑕疵，即整个生产线不适合继续运行，那么员工有权在车间停止整条生产线的运作，无须汇报和审批。正是这个举动成就了丰田的品牌。绩效考核的过程也应该提供这种授权，从而更好地服务于组织的战略转型目标，而不是成为组织变革的绊脚石。

2.2.2 透明原则

人们对绩效考核的期待是公平公正。如果绩效考核的结果有失公允，对团队及个人的伤害是巨大的。然而做到公平公正是非常困难的，对于同样一个绩效考核结果，被考核者和考核者的观点可能完全不同。管理人员对某团队成员的评价结果和其他团队成员对该成员的评价结果也可能完全不同。在这种观点差异下，一部分人不可避免地会产生不公平的感受，进而其积极性被伤害。

许多组织都在尝试减少主观认知差异导致的不公平感受，希望绩效考核的结果能在被考核者中获得最广范围和最大限度的接受。例如，对指标进行尽可能的细化、量化，要求管理人员更加客观等，但这些尝试都是治标不治本的。要想彻底解决绩效考核公平公正的问题，就要弄清楚哪些指标在考核的时候最容易让人感到不公平。

敏捷组织和非敏捷组织的绩效考核指标都分为两大类：一类是定量指标，另一类是定性指标。

（1）**定量指标**即能够准确定义、精确衡量并能设定绩效目标的、反映工作结果的关键业务指标，是可量化的元素，如任务完成数量、任务合格率等。定量指标的结果直观、易量化、易跟踪。考核结果更多依赖于客观的、可统计的数据，对主观判断依赖较少。

（2）**定性指标**虽然也是某些行为执行的结果，但可以被明确感知，不能被精确衡量，也无法设定量化的绩效目标，如工作态度、团队合作能力、沟通能力等。定性指标对结果的作用很大，在考核时更多依赖管理人员的感受和主观判断。由于人们了解的渠道、深度、频率各有不同，对同一员工的同一定性指标很容易产生不同的评价。

第2章 敏捷团队绩效考核的指导原则

> **示例**
>
> 　　人的感知是片面的。例如，一个员工总是在会议上积极发言，工作汇报井井有条，言之有物。他给上级的印象是工作能力和沟通协作能力都很强。而实际上他经常把一些困难的工作甩给同事，在平级的同事之间风评极差。又例如，员工 A 负责的领域经常出问题，但每次出问题后，A 总是及时汇报，主动沟通，加班加点积极解决。在上级眼中，A 的态度积极，能力出众，绩效考核评价一直很高。而他的同事 B 从事类似的工作，每日默默无闻，在上级眼中一直没有什么可见度，绩效考核评价也一直平庸。事实上，B 的能力远超 A，能更早地预见问题并防患于未然，但也因此失去了在领导面前解决问题的表现机会。在评价定性指标的时候，每个评价者都如寓言"盲人摸象"中的盲人，了解到的只是事物的一部分。基于自己了解的部分对整体做出判断，这是定性指标考核结果难获广泛认可的根源。
>
> 　　人的感知还是主观的、不准确的。人们能够记住一些刺激强烈的事物，例如，高光时刻，或者一地鸡毛的烦心时刻，而其他正常的时刻则很难留下深刻的印象。一个员工在大部分时候都能正常完成工作，然而全年出现一两次失误，就有可能给管理者留下较差的印象。
>
> 　　除了片面性与主观性，人的感知还受时间影响。人们普遍无法记住周围的人在三个月前或更早的时候有怎样的表现。当让他们评价某个人时，他们做出的评价往往基于这个人在最近一段时间里带给他们的感受，或者时间更早但刺激非常强烈的一两个事件带来的感受。

　　认可定性指标的评估依赖人的感知，同时认可人的感知是片面的、不准确的、受时间影响的，这是能够公平地考核定性指标的第一步。相反，

33

如果管理者相信可以通过长时间的相处，或者提升自身的某些技能和素养，就能够足够了解员工并做出准确评价，那么这本质上属于盲目的自信，并且一定会在定性指标考核时令某些被考核者感受到不公平。

绩效考核中大部分关于"公平公正"的分歧，都出现在定性指标上。所以定性指标的考核公正了，那么整体绩效考核的公正程度就能大大提升。有趣的是，"公平公正"也是一种主观的感受。一个绩效考核方案是否给人们带来公平公正的感受，并不仅取决于考核方法的选择和考核指标的设置，也取决于考核过程中是否有潜规则。

> **贴士**
>
> 所谓潜规则，就是指并非明文规定，或者本身就具备一定的模糊性，而在考核时会影响最终考核结果的规则。例如，在上级面前展示的机会多寡，会导致截然不同的考核结果；有时候，用上级喜欢的方式做事，比正确地做事更容易获得好评价。
>
> 还有一些规则并不是潜规则，只是在沟通过程中被忽略了，平时没人注意，也并不强调，在最终考核的时候却被提了出来，作为被考核者不能得高分的理由，让被考核者受到挫折，不服气。
>
> 造成另一种常见的潜规则的原因是，考核者和被考核者对考核指标的理解不一致，这种情况更多地出现在依赖主观判断的定性指标评估中。由于最终解释权掌握在考核者手中，一旦出现分歧，容易让被考核者产生不公平的感受。

潜规则越多，人们就会认为绩效考核系统越不透明。潜规则会影响人们对于考核系统是否公平公正的认知，给他们带来挫折感，或者觉得自己被算计了，进而他们工作的内在驱动力也就降低了。消除潜规则的唯一手段就是透明化，将所有规则暴露在阳光下，让被考核者感受到在与其他人相同的规则、起点和环境下接受考核。

在绩效考核的设计和操作过程中，如果能做到以下几点，会大大提升员工对绩效考核透明度的认可：

- 考核内容透明。
- 执行标准透明。
- 提高考核频率。
- 减少关注度差异。
- 多渠道收集信息。

1. 考核内容透明

考核内容透明是指保证就考核的指标、频率、方式、评分规则等相关内容与每位被考核者进行沟通，达到上下各级理解一致的程度，并且将相关文档存放在一个权限公开的、容易查阅的地方。如果组织的策略或工作重点在考核周期内发生了变化（对敏捷团队来说这是大概率发生的事），进而引起了绩效考核发生变化，这种变化也要及时反映在考核文档中并重新与每位被考核者沟通。考核内容透明可以减少因为对考核指标和规则理解不一致带来的被考核者不接受考核结果的情况。

2. 执行标准透明

理论上，考核指标和权重都制订好了，照着执行就可以了，但事实上，考核的执行过程存在相当多的变数。

平衡计分卡中提到了绩效考核应该有四个维度——财务、客户、内部流程、学习与成长。其中，内部流程、学习与成长这两个维度是为了平衡组织的长期利益所设的。在理论上，四个维度应该具有相同的权重，而且很多组织在制订绩效考核的时候也是这样设置的。但在实际操作中，人们往往过度关注财务指标和客户满意度指标，忽略甚至牺牲内部流程及学习与成长指标，不但为组织的长远发展埋下隐患，而且这种在制订和执行的时候采用双重标准的做法，事实上在传递一种信息，那就是组织并非如其所宣传的那样重视流程的改进和员工的培养。

再例如，由于员工的积极程度、敬业程度、团队合作等定性指标难以量化，而且在评估时依赖主观判断，很容易发生对不同的人使用的标准不一致的情况。当领导者对达成结果的方式有强烈的个人偏向时，也有可能令其在绩效考核中使用不同的标准。

虽然绩效考核的执行标准是清楚明白的，但它未必是真正被执行的标准，真正被执行的标准有时隐藏在"迷雾"中。这种隐形的标准带来的伤害是巨大的，它会让人们对组织的一些良好愿景，如组织文化变革或敏捷转型，失去信任度和积极性，也会影响人们对绩效考核结果公平公正的认可度，甚至使人们无视组织的一些规则，而专注于寻找并设法满足这些隐形标准。要想做到执行标准透明，除了要对执行标准进行详尽解释，还要求管理人员能做到知行合一，将设计绩效考核时的初衷在执行过程中坚持加以贯彻。

3. 提高考核频率

在很多组织中，绩效考核以年度为单位，每半年或一年考核一次。这个频率对敏捷团队来说是远远不够的。考核频率过低会带来以下两个缺陷：

（1）**考核结果不准确**。某管理类刊物曾经做过一项调查，询问参与调查的管理人员是否清楚地记得他的下属在三个月前做过什么。能回答清楚这个问题的人寥寥无几。这势必会影响绩效考核结果的准确性和客观性。

（2）**给员工的反馈不够及时**。绩效考核除了决定员工薪酬和福利分配，更重要的是，能对照员工的日常表现和组织的目标给员工反馈，对员工的行为加以指导和校正。考核的周期长，则反馈的周期也长。如果员工理解的工作方向和工作优先级与组织战略不一致，过长的考核周期会导致员工在错误的方向上浪费过多的时间和精力。考虑到敏捷团队所处环境的复杂性，频繁地对员工进行考核和给予反馈显得尤为必要。平均每 1~2 个月，敏捷组织内的管理者就应该与员工进行一次围绕重点考核指标的对话。

> **贴士**
>
> 　　每 1~2 个月与员工沟通一次绩效考核，这听起来似乎不太难做，但我在日常教练工作中发现，这样的考核频率实际上给管理者增加了不少的成本，能长时间坚持下来的管理者值得敬佩。首先，成本来自沟通的时间。沟通越频繁，时间成本就越高。其次，成本来自日常的观察和调查。为了保证定性指标的考核正确及反馈的准确性，管理者需要注意收集员工的工作信息和工作状态。如果管理者对员工的日常工作缺乏细节上的关注，就会在绩效反馈时聊得无关痛痒，没有价值，或者干脆变成管理者拿一些常规问题反复说教。所以，要想频繁地进行绩效考核并给出高质量的反馈，管理者需要付出更多的精力和时间。这虽然很辛苦，但是敏捷组织内部的管理者恰恰是通过这种投入来获得员工的尊重，并且提升员工对绩效评估结果公平公正的信心的。

　　对于负责绩效考核的管理者来说，如果绩效考核的沟通频率提高了，单次沟通的时间就不需要太长，可以限定在 30 分钟之内，选择需要讨论的重点指标快速沟通即可。在沟通的过程中，管理者和员工各自分享自己的观点和想法，这样可以减少误解，问题也能得到快速解决。切记，不要将沟通变成管理者单方面的分享和说教，缺乏倾听只会加深误解和分歧，导致更多的成见。另外，需要指出的是，当考核频率提高了之后，无论对于正式的绩效考核沟通还是非正式的绩效考核沟通，都一定要做好备忘录，这样才能使有效信息不受记忆力的影响，在年终时也能做到相对准确地评价。

考核频率的提高，也有助于提高绩效考核的透明度。在沟通的过程中，员工的工作状态对管理者变得更加透明，管理者的意见和看法对员工也变得更加透明。同时，双方对绩效考核指标的认知、考核标准的理解也在不断的沟通中更趋于一致，从而大大减少了潜规则的存在。

4. 减少关注度差异

除了正式的绩效考核谈话，非正式的绩效考核在平时的工作中也随时可以发生。管理者在与员工进行合作、沟通和互动的过程中接收到的信息、形成的看法都会对考核结果（尤其是定性指标的考核结果）产生影响。然而管理者对每个员工的信息收集的程度是有差别的，这种差别的原因来自以下三个方面：

- 项目的重要程度。关键项目和相关员工往往能够获得管理者更多的关注。
- 员工的表现意愿和表现能力。该能力决定了员工在管理者面前的可见度。
- 社交的深度。管理者与不同员工之间的社交连接频率和深度的差别。

这三个方面的差别导致对于不同的下属员工，管理者收集到的信息无论在数量还是深度上都是有差别的。这种差别也会影响管理者在绩效考核时的决定，甚至导致其判断失真。从员工的角度来讲，如果管理者与自己保持较高频率、较高质量的沟通，则员工更信服管理者给出的绩效考核结果，也愿意认真对待管理者给出的反馈。相反，如果管理者与员工沟通的次数较少或沟通内容泛泛，而与团队内其他员工的沟通频率较高，员工对管理者的绩效考核结果也更容易产生偏见和误解。

第2章 敏捷团队绩效考核的指导原则

> **贴士**
>
> 我曾辅导过一个团队，在辅导期间，这个团队前后换过两个领导。两个领导都与团队的每个员工安排了每月一次、每次半小时的一对一谈话。领导A经常因为工作繁忙而错过与部分员工的一对一谈话，导致大部分员工实际平均2~3个月才有一次谈话机会。谈话内容也很浮于表面，向员工反馈时只是泛泛地提出一些意见或给予一般意义上的鼓励。而领导B无论多忙，都不疏忽与每位员工的月度一对一谈话，在谈话过程中能够指出员工的一些细节行为上的优点或缺点，并结合员工本人情况给出改进意见。
>
> 当领导A在位的时候，团队成员的工作积极性普遍不高，很多员工不认可领导A对自己的考核结果和评语，认为领导A没有给自己展示的机会，而且认为自己获得的奖励与自己平日的付出不成正比。相反，领导B在位的时候，团队的活力变得更高，即使绩效考核结果并不优秀的员工，也认为领导B给出的结果是公平的，愿意接受领导B的反馈，并且相信如果自己做出了切实的改进，领导B一定能看见并给予认可。
>
> 这件事给我的启发是，很多人都希望设计一个公平公正的绩效考核机制，但公平公正的关键其实在绩效考核的执行阶段，而非绩效考核设计本身。执行阶段的公平公正，也不是仅仅要求管理者秉持客观公正，而是要求管理者对员工的评价是在有了足够的了解，并且对所有的成员一视同仁的基础上做出的。管理者是否对个体足够了解，并不完全取决于管理者自己的感觉，还取决于被考核者的认知。

总之，如果人们认为管理者足够了解自己，自己也获得了与团队中其他人相同的展示机会，那么他们就更加信服管理者做出的绩效考核；反之，人们则会认为管理者的绩效考核基于了不完整的信息，结果是片面的，高绩效的团队成员有可能不服气，会认为自己的付出并没有得到公正的评价，其内在驱动力将受到影响。

5. 多渠道收集信息

在管理者对员工进行绩效考核时，除了依赖自己的观察和判断，还应该从其他多个渠道收集信息以进行交叉对比，再得出结论。例如，回顾员工的有记载的量化数据，或者使用360度评估法，从员工的同事、下属及其他相关方处拿到评估结果。因为管理者并不是独立的观察者，也不可能有时间对每个员工进行全面的了解，所以他无法客观地评估员工的绩效是很正常的。360度评估法可以给管理者提供更多的视角，帮助管理者了解员工的多个维度信息，让员工的整体工作状况变得更加透明。管理者应该在正式开展沟通前校正自己对员工的认知，从而使自己的建议听起来更客观、全面和值得采纳。

透明原则的出发点是维护员工的内在驱动力。敏捷团队相比普通团队，对员工的积极性、主动性的依赖度更高。而积极性和主动性源自员工的内在驱动力。如果员工认为自己受到了不公平的评价，内在驱动力就会降低。如果缺少了积极主动的员工，高绩效敏捷团队也就无从谈起。做到了以上五点，组织的绩效考核机制将会建立在更完整、更公平的基础上，并且绩效考核的执行也会更贴近绩效考核的设计初衷，潜规则更少。分歧和误解减少了，透明度增加了，绩效考核机制也就能获得更多的信任，其结果也更为员工所认可和接受。

2.2.3 持续改进原则

对敏捷团队而言，持续的调整和改进不仅体现在定期举办的回顾会议上，而且在团队的绩效考核中同样适用。月度的绩效考核会议，是一个非常好的持续改进绩效考核方法的契机。

普通绩效考核虽然也有审视工作状态、发现短板，从而促进改善的作用，但是普通绩效考核只能体现日常工作的结果，不能揭示产生结果的动因。如果想设计方向正确且可执行性强的改进方案，人们需要在绩效考核的过程中收集关于执行细节的信息。360 度评估就是一个收集细节信息的工具。如果在考核谈话之前使用 360 度调查问卷，从被考核者的多个相关方那儿收集包含各种维度的评价信息，那么在谈话时，管理者将有更加丰富的参考材料以对员工当前的工作状态进行审视，并提出行之有效的改进计划。如果能保持月度考核的频率，那么在管理者和员工之间就形成了一个以绩效考核为中心的、持续改进的过程。由于这个过程是始终围绕绩效考核指标的，所以它比回顾会议更有针对性，能帮助员工不断对标组织的战略目标。

2.2.4 多渠道激励原则

假如一个组织将员工的激励与绩效考核结果挂钩，但缺乏其他有效的激励渠道，那么人们就会花过多的精力"粉饰"绩效考核结果，因为这是他们唯一能获取激励的方式。这样，通过绩效考核收集到的信息是不准确的，绩效考核系统给组织的决策者传递的信息也是不准确的，最终影响组织整体目标的实现。

案例

老卢是一个项目经理，其团队有 15 名员工，正是一个说多不多、说少不少的数字。有一次，公司指派我去做老卢团队的敏捷教练。在摸底谈话中，我们很自然地聊到了团队激励的问题。老卢很无奈地告诉我："我也想激励员工，但是每年的晋升名额就那么一两个，有的年份还没有。公司给的奖金也就那么点，我想激励大家也力不从心。而且，对于这些情况，员工心里也都清楚，大家都知道即使努力工作，也未必有收益，所以我真没什么好办法激励员工啊。"

与老卢有类似想法的人我经常碰到。我发现，在他们谈论如何通过绩效考核来激励员工的时候，说来说去总会谈到涨工资、升职和礼物等，似乎谈到激励就一定要和物质挂钩，和物质挂钩之后，又自然而然地谈到物质资源有限，不够对大多数人实施激励。正如我在第 1 章中提到的，对于普通绩效考核系统中的激励机制，虽然其表现形式可能多种多样，但是本质上都是以物质奖励为主的外部刺激，奖励渠道是很单一的。

双因素理论认为，人们会被有挑战性的工作、成就感、个人发展、认可、承担更多责任等激励。为了将激励因素具象化，我曾经在工作中做过关于哪些情形可以激励员工的调查，汇总如下：

- 做出的产品给人们的工作或生活带来了改变。
- 提升了自己的专业水平或其他方面的能力。
- 产品获得了市场的认可，而认可又提升了他们的自信心。
- 被作为"人"来对待，而不是"资源"。
- 解决了疑难问题。

- 在关键项目中受到器重。
- 受到来自团队内部或团队外部相关方的认可和尊重。
- 有机会在工作中尝试最新的技术。
- 职责范围扩大了。

在基本的物质要求获得满足后，以上所列更能够激发人们努力工作的内在驱动力。普通绩效考核只重视由结果引发的激励，却忽略了一种可能，即绩效考核从制订到执行的每一步，都可以实现对员工的激励，无须等到考核结果出来之后。

> **贴士**
>
> 以 OKR 工作方法为例，在制订目标和关键结果的时候，可以鼓励员工参与，从而提升员工对团队或部门决策的参与感；也可以让员工结合本岗位的实际情况，自主制订部分目标；还可以让员工将与个人发展相关的目标纳入 OKR，即让员工有机会掌控自己的工作方式，从而照顾了员工的个人发展。同时，这样的考核方式，在本质上扩大了员工的职责范围。PBC 也使用类似的原理。在这些绩效考核方法下，人们不需要等到考核结果出来之后才获得激励，而是从绩效考核指标制订的时候起，激励因素就不断地有机会发挥作用。

如果人们在任何时候都有很多机会获得激励，他们对"粉饰"最终结果的企图就不会那么强烈，绩效考核的结果也能适当回归真实。

2.2.5 近者打分原则

矩阵型管理方式是在现代大中型组织中常见的结构。矩阵型组织结构把按职能划分的部门和按产品（或项目、服务等）划分的部门结合起来组成一个矩阵，使同一个员工或团队既与原职能部门保持组织与业务的联系，又参加产品或项目小组的工作，即在直线职能型基础上，再增加一种横向的领导关系。

在矩阵型管理方式中，员工或团队的直属领导者可能有两个甚至多个。在进行绩效评估时一般会采取综合各方领导者的意见的方法，并根据与员工日常工作的紧密程度给不同领导者设置绩效考核权重。但在实际考核的时候，这种方法并不理想。在员工或团队的最终评估上，哪位领导者的权重更大，往往不仅取决于日常工作的紧密程度，还取决于组织的既有规则、内部政治生态等。

案例

我不止一次听到员工有类似的抱怨，说自己在组织中是汇报给领导B的，公司规定在绩效考核时领导B的权重更大。但在实际工作中，他是领导A的项目成员，领导A更了解他的工作细节，他跟领导B的工作交集较少。这种情况导致他日常的一些努力难以获得认可。如果想提升绩效考核结果，还要多找机会在领导B面前表现，导致自己的工作量和工作难度增加。

我也听到过领导A的抱怨，例如，自己下面有些员工是从领导B的团队里"租借"来的，由于自己的绩效评估权重较低，所以在很多时候感觉"指挥不动"员工。

这种矩阵型的组织结构给绩效考核带来的挑战是，人们将很多精力放在研究组织内部关系及评估其对自己绩效考核的影响上，而这些精力本应该可以用于做更多实际的工作。

敏捷方法在组织结构层面一直主张小团队、扁平化管理、单一领导制，其目标之一就是降低组织结构的复杂性，以避免分散团队和个人的精力，同时有利于提高绩效考核的效率和准确度。但是往往随着组织规模的扩大，矩阵型管理结构就不可避免地存在。在这种情况下，应该遵循近者打分原则。即使员工或团队同时隶属于不同的职能部门和业务部门，也应该尽可能授权给最了解员工和团队工作状态的人，即由员工的直接领导全权对员工进行绩效考核，避免引入其他考核方。绩效考核本质上包含定量指标和定性指标两部分。定量指标，例如，是否按时交付，是否有缺陷出现，项目是否盈利，客户是否满意等，是容易查到客观数据的，不同的考核者对考核结果影响不大。定性指标，例如，员工的协同能力、合作能力、主动性和积极性等，要想准确考核，则必须依赖靠日常紧密的合作中深入的观察。鉴于定性指标考核对敏捷团队的意义重大，对结果正确性的需要远远大于对流程合理性的需要，所以绩效考核的打分者一定得是与员工每日直接在工作上有互动的领导者。

　　敏捷团队绩效考核的指导原则是，为了打造高绩效敏捷团队。与普通绩效考核的一些原则相比，它更看重激励，而非考核；更看重反馈和调整，而非机械地执行。以上关于绩效考核的原则，是针对敏捷团队对员工软技能和综合素质的要求更高，绩效考核中定性指标更多、权重更大的现象而产生的。这些原则不仅适用于考核敏捷团队，对于从事创新活动的团队，以及依赖知识型人才的团队也适用。因为创新活动属于不确定性高的活动，而释放知识型人才的生产力更多地依赖内在驱动力而非外部刺激。同时，这些原则既适用于考核敏捷团队，也适用于考核团队中的个人，同时还适用于考核管理人员。无论组织在实践中选择的是 KPI、OKR，还是 PBC，或者是组合多种考核方法，都应该在实践的过程中遵循这些原则，这样才能更好地激励员工，打造高绩效敏捷团队，帮助组织实现敏捷转型的成功。

第 3 章

OKR 在敏捷团队绩效考核中的实践

Performance
Management
For Agile Teams

OKR 是一个简单有效的系统，能够将目标管理自上而下贯穿到基层。OKR 中的 O 代表目标（Objective），即组织或个人想获取的最终价值；KR 代表关键结果（Key Result），即确认目标达成的标准。"目标"分为组织目标、部门目标、团队目标和个人目标。下级在制订目标时，应该参考组织和上级的目标，使本级别的目标与上级及组织的目标保持一致。所有目标最终都服务于组织的愿景和战略。

从严格意义上来说，OKR 并不是一种绩效考核方法。它的目的是帮助团队聚焦在完成目标上，通过关注剩余目标来拉动团队合作，并且采用制订有挑战性的目标、引导员工参与共创等手段激发员工的内在驱动力。OKR 中对目标的设置、对进度的追踪等，是绩效考核的主要参考资料，而且 OKR 的设计理念，也充分满足了多渠道激励原则、授权原则、透明原则和持续改进原则等敏捷团队的绩效考核原则，所以 OKR 是适合纳入敏捷团队绩效考核体系的重要工具之一。

3.1 OKR 的基本方法与原则

3.1.1 目标

好的目标是具备一定特点的。首先，OKR 的目标在制订时越具体越好。例如，与"减掉一些体重"相比，"减掉 5 公斤体重"就是一个更好的目标。因为后者能更清楚地描述成功的样子。模糊的、缺乏边界的目标无法为组织和员工提供持续的动力。

其次，对于团队级别和个人级别的目标来说，它要具备一定的难度，但又不能超出当前的能力太远。不可能完成的目标让人沮丧并提前放弃，稍有难度的目标会令人跃跃欲试。因此，应提高人们对目标的接受度，并且激发他们的主动性。

有一些管理者喜欢制订高难度目标，认为高难度目标可以给团队带来压力，让团队完成比平时更多的任务。事实证明，如果目标难度太大，会直接伤害团队完成它的动机——既然努力了也很可能完不成，为什么还要在这上面花时间呢？

适当的挑战属于激励因素的一种。然而，对于团队或个人而言，什么样的难度是合适的，并没有一个统一的标准。制订具有适当挑战性的目标，需要从团队或个人的感受出发，而不是从管理人员或其他重要相关方的感受或愿望出发。在制订目标的过程中，要不断地询问团队和个人的意愿，甚至采用领导者与团队或个人共创的形式来制订，减少由上至下的告知方式。上级领导者要允许和接受下级团队或个人选择看起来微不足道的挑战，也要警惕下级选择过于激进的目标。通过不断地完成小的挑战，个人和团队的能力将得到提升，信心也能得到不断增强。管理人员可以根据实际情况逐渐抬高目标的难度，从而让团队接受更大的挑战。

再次，一个好的目标，不仅应该传递"做什么"，还应该能够解释"为什么"，并且与个人的目标产生关联。

案例

有一个公司想进行敏捷转型，希望在团队里引入 Scrum 工作方法。于是它给各级部门和团队分配了一个目标：

"将现有的工作模式改为 Scrum 工作模式。"

这条目标既明确又具体，但是没有解释原因。它看起来更像一句命令，像一条来自上级的要求。它既没有解释公司希望通过引入 Scrum 获取何种价值，也没有解释公司选择 Scrum 的理由。或许在一些会议上，高层领导者对目标的背景进行过一两次解释，然而仅靠有限的解

> 释并不能让所有听众形成一致的理解，更不要说在漫长的执行过程中人们会始终记得。但如果人们只知道上级要求做什么，而不知道背后的原因，那么当在执行过程中遇到一些计划外的情况时，就不知道该如何调整，结果只能继续机械地执行。
>
> 还有一些大型的组织在推行敏捷转型时要求全体实践 Scrum 方法。其目标是提升各团队的效率。然而对于一些稳定的运维项目、HR 或财务部门来说，Scrum 并不是适合它们的敏捷方法，实施起来负面影响大于正面影响。但由于缺乏对决策背景的理解，团队很难提出更合理的解决方案，结果只能硬着头皮执行。

好的目标应该既能解释要做什么，又能解释为什么要这么做；既能指导人们的工作，又能让人们在遇到特殊情况时有依据地进行变通。根据这个原理，上面的目标可以改进为：

> 将现有的工作模式改为 Scrum 工作模式，以提高与客户沟通确认的频率，提早发现双方对需求的理解偏差。

修改后的目标既包含"做什么"，又包含"为什么"。Scrum 能带来的好处有很多，然而对于不同的组织，其痛点可能完全不同，引入 Scrum 要解决的具体问题也就不同。解释清楚为何要引入 Scrum，可以帮助员工在实践 Scrum 的时候更有针对性；同时，在实践 Scrum 遇到困难时，员工可以围绕"为什么"发挥主观能动性，而不是盲目地寻求解决方案。反观第一种目标，对员工来说，按 Scrum 模式工作变成了目标，如果在执行时遇到了问题，员工很容易陷入某种潜在的解决方案"是不是 Scrum"的争论，而不会去讨论到底要解决什么问题。

最后，一个好的目标还应该获得人们的认可，并且能激发人们的热情，使人们发自内心地愿意投入进去，对目标的完成具有责任感。

有一些目标会给员工带来额外的工作量，例如，引入变革类的工作方法，或者引入测试驱动开发、重构，等等。有些长远有益的战略目标会给员工的当前工作带来一些额外的压力，占用其工作的时间。与工作流程相关的变化还会给已经习惯现有工作模式的员工带来一定的混乱和不确定，甚至招致他们反感。还有些目标员工并不认可，认为其方向错误或并非最佳方案。在面对这些目标时，员工是被动的，以完成任务为目的，缺乏积极性、主动性和责任感。

在敏捷团队所处的环境中，变化是唯一不变的。如果员工只是被动地、机械地执行上级的要求，在变化和意外发生的时候也不主动承担责任，那么组织就无法及时发现问题和调整方向，从而浪费资源或错失机会。如果组织的目标能和个人的目标有机地结合起来，让人们在帮助组织实现目标的同时也能达成自己的目标，那么人们对目标的热情和责任感就会大大增加。

其实，在大部分时候，人们在参与完成组织目标的同时，都会有一些额外的与内在驱动力相关的收获，例如，技能得到锻炼，有机会发挥个人影响力，有机会参与决策等。然而，人们往往意识不到，而且组织在传达目标时，又容易仅强调希望员工完成什么，即认为员工是执行者，没有把员工看成合作伙伴。这让潜在的提升员工内在驱动力的机会白白浪费掉了。在一些成熟的、确定性高的行业或岗位上，这倒也谈不上什么损失，但对于那些非常需要员工有积极性、主动性、责任感，并且能够创造性地解决问题的组织来说，任何能够激发员工热情的机会都不能错过。从这个角度出发，我们可以将前面提到的目标进一步修改为：

> 将现有的工作模式改为 Scrum 工作模式，以提高与客户沟通确认的频率，提早发现双方对需求的理解偏差，并且减轻频繁改

动需求给研发工作带来的负担。

需求变化不但带来额外的工作量，还会给员工带来很大的挫折感。所以，"减轻频繁改动需求给研发工作带来的负担"对员工来讲就是一种切实的好处。经过这样的修改，目标既包含"做什么"，又包含"为什么"，还包含"对员工本人的意义"。它既能准确传达组织的要求，又能在员工面对具体问题时提供参考依据，还能激发员工参与的动力。这样的目标对于敏捷组织来说，才是一个好的目标。

> **贴士**
>
> 在我做 OKR 培训时，经常遇到中层管理人员质疑将"对员工本人的意义"纳入目标描述的必要性。有些观点认为，组织已经支付了工资和其他福利，无须在分配任务和描述任务的时候还要同时照顾员工的目标。但如果这么做可以激发员工的内在驱动力，让他们更积极主动地参与其中的话，作为管理者又何乐而不为呢？还有些观点认为，诸如技能得到锻炼、有机会发挥个人影响力、有机会参与决策等对员工的好处是显而易见的，不需要在目标中强调。然而，事实上并非所有员工都能看到这些，尤其对于工作经验较少的员工而言更是如此。

综上所述，在使用 OKR 方法时，一个好的目标应符合以下几个特点：
- 清晰而具体。
- 具有一定的挑战性。
- 解释"做什么"和"为什么"。
- 能够与个人的目标相关联。

51

3.1.2 关键结果

在 OKR 中，每个目标都对应了数个关键结果。关键结果用于确认目标得到了达成。

> **示例**
>
> 某个软件交付团队的某个季度目标是：
>
> "提高交付产品的质量。"
>
> 该目标应有以下关键结果：
>
> - 关键结果 1。测试环节的 Bug 检出率降低 10%。
> - 关键结果 2。生产环境的 Bug 发生率降低 5%。
> - 关键结果 3。代码的整体运行速度提高 15%。
> - 关键结果 4。在核心代码的改动上线前需要完成 3 轮评审。

目标和关键结果间的关系，有点类似用户故事（User Story）和验收标准（Acceptance Criteria）间的关系。明确的关键结果保证了目标不是空谈，并且为团队工作结果的验收提供了参考的依据。

目标和关键结果作为一个整体，清晰地描述了目标及具体的执行和验收条件。一个有效的 OKR，应该满足 SMART 原则：

- 具体的（Specific）。
- 可度量的（Measurable）。
- 可达到的（Attainable）。
- 和上一级的 OKR 具有相关性的（Relevant）。
- 具有截止期限的（Time-based）。

SMART 原则最早是由乔治·多兰（George T. Doran）提出的[①]。他认为，当人们的行动有明确的目标，并且能够把自己的行动与目标不断加以对照，清楚地知道自己的进度和与目标的差距时，行动的动机就会得到维持和加强，就能克服更多困难，付出更多努力。这也符合敏捷方法所主张的价值观，所以 OKR 与敏捷方法天生具有亲和性。

OKR 是一套沟通工具，旨在帮助组织在内部进行卓有成效的沟通，让各个部门和人员对战略和执行的理解都达到高度一致。OKR 又是一套严密的思考框架，有持续的纪律要求，旨在确保员工紧密协作，把精力集中在能促进组织成长的、可衡量的贡献上。它本身不是为了绩效考核而存在的，但是由于与绩效考核相关的目标、进度等信息可以从 OKR 中读取，OKR 应该作为组织绩效考核体系的重要组成部分。

3.2 OKR 实施的要点

OKR 实施的要点有很多，市面上也有大量阐述相关内容的书籍。在所有的实施要点中，对于敏捷团队而言有四条最为重要。

3.2.1 不制订过多的目标

季度目标数量保持 3~5 个，不超过 5 个为宜；目标大小以季度内能够完成为准。每个目标的关键结果也保持在 3~5 条。聚焦在少数目标上能提升完成度和完成质量。同时，与一直完成漫长的、大的目标相比，不断完成小的目标，会积累成就感，带给人们更多的自信和激励。

[①] 乔治·多兰（George T. Doran）在 1981 年 11 月美国的《管理评论》(*Management Review*) 杂志上发表的一篇题为《用 S.M.A.R.T 方法写出愿景及管理目标》(*Here's a S.M.A.R.T. Way to Write Management's Goals and Objectives*) 的文章中提出了著名的 SMART 原则。

团队或个人的精力是有限的，如果制订太多目标，那么在执行过程中，有些目标势必得不到完成，或者完成质量较低。这种情况会带来以下危害：

- 分散团队的注意力，不利于保持聚焦。
- 在不同目标之间切换时会降低效率。
- 目标太多，给复盘等活动带来困难。
- 完不成目标令人沮丧，给团队或个人带来负激励。

完不成的目标绝对不仅仅是"完不成"而已，它的潜在负面影响会更加深远，需要引起足够的警惕。

3.2.2 目标按优先级进行排序

应该对OKR的目标及每个目标对应的关键结果进行优先级排序。管理大师彼得·德鲁克曾说过："有效的管理者坚持把重要的事放在前面做，每次只做好一件事。"不管团队还是个人，精力都是有限的。把有限的精力集中起来，优先完成最重要的、价值最高的事情，是提高效能的关键。

OKR有一个优势，就是它可以让团队的目标更加聚焦。不制订过多的目标这个要点有助于实现了第一层聚焦。对目标进行优先级排序，则实现了第二层聚焦。通过两层聚焦将真正重要的事情筛选出来，团队和个人就可以对其优先投入最多的精力。这与敏捷方法十二原则的第一条"我们最重要的目标是，通过持续不断地尽早交付有价值的软件来使客户满意"不谋而合。

3.2.3 目标保持不变

目标一旦被确定下来后，除非发生重大的事件，否则不应该轻易改变目标。在实践中，如果发现目标频繁变化，往往是因为目标没有解释"为什么"。它更像任务，在描述"做什么"。要想使目标保持不变，需要将目标提升至战略高度，或者用目标描述价值而非任务。

> **贴士**
>
> 任务和目标的区别在于，完成任务不等于获得价值，而完成目标一定等于获得价值。举个例子，"将代码的运行效率提升50%"就是一个任务，而非目标。即使团队提升了代码效率，客户未必能获得更好的体验，因为瓶颈可能发生在其他地方。这时，需要根据反馈再调查，再制订新的目标，然后再实施。"减少客户在打开软件时的等待时间"就是一个更好的目标。它代表客户所需的价值，不易发生改变，团队可以围绕它进行多种尝试，直至目标达成。

3.2.4 关键结果可调整

如果OKR中的目标负责解释"为什么"，那么关键结果就负责解释"做什么"和"怎么做"。"条条大路通罗马"，对于同一个目标，实现的方式也有多种，哪种是最佳的方式，只有在实践的过程中才能检验出来。所以不应该将关键结果视为一种必须完成的承诺，而应该允许其随着事情的发展进行相应的调整。

> **示例**
>
> 在敏捷方法中，有一个词叫作"涌现式"，是指最佳解决方案并非源自象牙塔中的设计，而源自人们通过快速迭代方式的试错。人们应该根据试错的结果不断调整解决方案，直到调整出最合适方案。这种"涌现式"也同样适用于关键结果的调整。随着OKR进入实施阶段，未考虑的问题、未预见的风险、未意识的机会等都会浮现出来，它们

> 会对"做什么"和"怎么做"产生影响，甚至某些原来认为必须实现的关键结果也会随着计划的推进而变得不再重要。关键结果在执行过程中应该被允许修改、增加和删除。但无论如何调整关键结果，都应该围绕目标不动摇。不能因为出现了困难或意外，就将目标也"打折"；也不能无视实践中的变化，一味地追求关键结果。

3.3　OKR 的追踪

制订合格的 OKR 并不是结束，而仅仅是开始。在目标真正实现前，还有漫长的、充满不确定性的执行过程。OKR 的执行过程需要科学的追踪，一方面要保证其进度，另一方面要密切观察在执行过程中出现的一些挑战和有价值的反馈，以便做出及时有效的调整。追踪 OKR 可以使用看板提示法、PDCA 定期盘点法等。

3.3.1　看板提示法

团队的 OKR 和个人的 OKR 应该放在一个公共的、可以随时访问的地方。如果团队平时就使用物理看板管理任务的话，那么可以在物理看板上开辟一块区域存放团队的 OKR。

如果没有物理看板，而是使用电子看板系统或电子文件系统来存储 OKR，那么要保证所有人都有权访问存放 OKR 的文件，并且有简单的、容易记忆的地址以方便访问。市场上有一些成熟的 OKR 管理和追踪工具，如 Teambition、Tita 等。IBM 等大公司也开发了专门的 OKR 管理和追踪工具供内部使用。在使用专门的工具管理 OKR 时，要避免一旦关闭工具界面，OKR 就被束之高阁。OKR 一定要像标语一样，经常出现在人们的视野中。

3.3.2 PDCA 定期盘点法

PDCA 循环是美国质量管理专家休哈特博士首先提出的，继而由戴明采纳、宣传并获得普及，所以 PDCA 又被称为戴明环。PDCA 循环就是将质量管理分为四个阶段，即计划（Plan）、执行（Do）、检查（Check）和处理（Act），如图 3-1 所示。

图 3-1 PDCA 循环

这套方法虽然诞生于质量管理领域，但同样适合追踪 OKR。制订关键结果即"计划（Plan）"；执行关键结果即"执行（Do）"；在 OKR 执行一个月以后，举行一次盘点会议，即"检查（Check）"；处理在盘点过程中发现的问题，即"处理（Act）"。基于改进后的现状与目标之间的差距，新一轮的 PDCA 循环又开启了。

> **贴士**
>
> 有的敏捷团队将回顾会议与 OKR 结合起来，在回顾会议上围绕 OKR 来检视过去的一个迭代以反思团队或个人有哪些好的行为加速了目标的完成，有哪些不好的行为影响了目标的完成，并制订相应的改进计划。这也是一种行之有效的办法，与 PDCA 盘点法异曲同工。

无论使用哪种方法对 OKR 进行盘点，都需要注意的是，盘点的基调应定位在完成剩余目标上。团队应当重点检视当前进度与目标的差距，并思考如何通过合作来完成剩余目标，而不要将重点放在检查进度上。否则参会者很容易事无巨细地列一堆上个月完成的任务，以展示他们的苦劳和功劳。这些信息对如何完成剩余目标来说意义不大，而且降低了 OKR 盘点会议的效率。

3.3.3　OKR 信心指数追踪法

为了更好地引导人们关注目标的完成，可以在追踪 OKR 时引入"信心指数"。信心指数即人们对于按时完成目标的信心，可以采用十分制或百分制。在 OKR 盘点会议上，可以引导大家轮流分享自己在当前对完成每个目标的信心指数。信心指数可以揭示很多问题。以百分制为例，平均信心指数超过 90 分的目标无须过多关注；平均信心指数在 70~90 分的目标具有一定的风险或障碍，可以引导团队进行讨论，暴露风险并制订应对计划；平均信心指数在 70 分以下的目标具有重大风险，在必要时引导团队使用五问法发掘风险的根本原因，并且将结果尽早上报领导者和相关方，采取适当措施。

> **贴士**
>
> 在 OKR 盘点会议上，对于同一个目标，不同的团队成员给出的信心指数可能差别很大。通过引导持有不同信心指数的团队成员进行观点分享，可以帮助团队发现潜在的问题和风险。具体操作方法可以参考敏捷实践之"计划扑克牌"。

通过追踪信心指数，并且围绕信心指数展开讨论，能成功地引导人们聚焦剩余目标及可能的风险和障碍，而不会在整理和汇报过去的工作内容上浪费时间。

3.4　OKR 制订的实战

3.4.1　谁来制订 OKR

OKR 的制订包含自上而下和自下而上两部分。自上而下的目标是基于组织的整体目标和战略，结合各级部门和个人的职责进行分解得来的。在普通绩效考核中，目标首先是通过顶层设计制订的，然后由上至下层层分解和传达，这类似于具体的行动指南，员工是被告知的、执行者的角色。员工对目标及如何实现目标没有决定权，即使他们对绩效考核指标的制订有自己的看法，也缺乏向上反馈的渠道。在 OKR 模式下，在自上而下分解目标时，目标虽然不变，但员工可以通过参与制订关键结果，将自己在本岗位上工作时产生的一些关于执行目标的想法加入关键结果中，这在某种程度上能够影响目标。

> **示例**
>
> 在制订团队目标时，在普通的自上而下的绩效考核模式下，团队管理人员从上级获得分解到自己团队的目标，并按照自己部门的情况进行分解，分解结束后通知下级部门和人员。而在 OKR 模式下，团队管理人员要了解上级的目标，以支持上级完成目标为导向，结合自己团队的职责，与所有团队成员群策群力，共创本团队的目标，并将目标报上级审核同意。

除了自上而下的目标，OKR 还允许员工自己制订目标。组织内各级部门（个人）的年度或季度OKR，应该至少有一条是来自本部门（本人）的。这样做，进一步释放了各级部门和个人的主观能动性，使其有机会将本岗位积累的实践经验及所见的问题和风险通过OKR转化为行动，弥补了在自上而下制订目标时，上级尤其是高层难以洞察执行层面可能发生的困难这一缺陷。这一点对敏捷团队而言尤为重要。

心理学研究表明，将人们卷入计划的制订过程，会使得他们更愿意接受和支持该计划。所以在制订OKR的时候应让员工参与，这能最大限度地提高员工对OKR的认可度，并且在执行时提升员工的主观能动性和责任感。同时，通过让员工影响关键结果，并且有权自己制订部分目标，OKR帮助组织实现了对员工的信任和授权，激发了员工的内在驱动力，达到了激励员工的目的。

3.4.2 引导团队或个人制订OKR

虽然很多组织都认为听取员工的建议非常重要，但是对于如何提升员工的发言数量和发言质量缺乏行之有效的方案。从员工的角度来看，组织虽然经常征求员工的意见，但是被采纳的意见总是极少数，所以大多数人并不会有太强的参与感，反而会觉得即使提了意见也没有用，降低了人们在未来给予组织反馈的动力。

在各级部门召开OKR制订的会议中，可以通过以下步骤来引导员工参与：

- 步骤一，管理人员负责介绍上级部门的季度OKR，解答大家的疑问。
- 步骤二，围绕上级部门的OKR，管理人员和团队成员自由列举目标，自由列举的目标应该以支持上级部门实现目标为目的。每个参与者把想到的目标写在便利贴上。
- 步骤三，所有参与者把便利贴贴在白板上，然后把内容整体过一遍，删除重复的，并将类似的目标合并到一起。目标描述模糊的由撰写者进行澄清。

- 步骤四，通过投票将目标减少到 3~5 个。

会议的引导者在第二个步骤进行前应该提醒参与者，即在写下目标时不要仅量力而行，而要设置稍有挑战性的目标。引导者可以在大家写下目标后，提出以下问题：

- 对于当前这个目标，是否能在你的正常能力范围内完成？
- 假如给你的目标稍稍加一些挑战，那么这个目标会变成什么样子？
- 如果加一件事能让你的目标变得更有成就感，那么这件事会是什么？

在引导者提出问题后，给参与者几分钟的时间来修改原来的目标或增加新的目标，然后再进行第三步。

经过上面的步骤，所有参与者完成了共创目标的过程。接下来，要针对每个目标制订关键结果。对每个目标重复步骤二至步骤四，并将步骤中的目标换成关键结果。

> **贴士**
>
> 在实际操作中，有些目标是团队已经熟悉的或一直在做的，对于其关键结果也有定论，似乎直接照搬即可，无须遵循各自书写然后集体讨论的流程。但有时为了防止团队的路径依赖（依赖上级决定、历史做法等），或者为了收集团队在过去的操作中应对风险和困难的经验，或者为了授权员工选择其他更被认可的方式等，还是可以使用上文提到的方法重新讨论看似明确的目标和关键结果。团队在这个过程中往往会对熟悉的工作有新的发现。

在引导上面的步骤时，引导者要切记，在正式讨论前，让参与者先将想法写下来，然后贴在白板上，再逐一讨论。这样能够有效避免参与者习惯性地等待上级分配，或者因为某种担心而保留真实的想法。在上述制订OKR的过程中，每位参与者都深度参与了目标及其关键结果的制订，由此产生了更多的认同感及责任感。参与者有机会表达他们认为怎样做才能更好地达成目标，领导者也有机会将下属的意见和方案与自己的想法相结合，从而让下属看到其意见被聆听和采纳，实现了对员工的激励。

在团队的OKR制订完毕后，员工需要围绕团队的OKR来制订自己的OKR。如果团队的OKR在制订时采取了上面的共创过程，那么员工对团队OKR的理解将非常到位，在制订自己的OKR时也不会出现太大的偏差。除了围绕团队目标制订自己的OKR，还应该允许员工选择一个与个人成长相关的目标，例如，提高个人专业技能，尝试新的挑战等。个人OKR制订完成后，员工需要将其提交给管理人员审核。管理人员需要确保员工个人的OKR与团队OKR方向一致。在不违反一些通用规则且风险可控的前提下，管理人员应该支持员工的选择，对于员工具体采用什么形式来实现目标不应过度干预。如果员工的个人目标不会影响他实现团队目标，那么管理人员也应该予以适当支持。管理人员即使自认为对员工的OKR有更好的建议，也应该适当控制提出建议的欲望。因为即使建议的出发点是善意的，干预员工的选择也会降低员工对OKR的参与感和由此产生的责任感。打造高绩效敏捷团队的关键，不仅在于利用更好的经验或方案，还在于激发人们工作的热情，锻炼人们的思考能力和决策能力。

3.5 OKR 与敏捷团队的绩效考核

虽然OKR系统看起来涵盖了绩效考核的大部分内容，但是不能用OKR来替代绩效考核。绩效考核中的大部分定量指标都可以在OKR的实施过程中得到统计，而定性指标则很难使用 OKR 来进行追踪和评估。

员工对目标的贡献分为直接贡献和间接贡献两种。直接贡献就是，目标的责任人直接执行和完成目标。然而，责任人在现实中经常需要其他人的协助，包括出谋划策，解决周边问题，借助他人影响力，从他人处收集重要信息，甚至在关键时刻受到来自其他成员的鼓励。OKR 及其他以结果为导向的绩效考核模式，有利于反映直接贡献，不擅长反映间接贡献。

对于一些软技能，如沟通能力、积极性、责任感等，OKR 也无法对其进行追踪。人们无法为"沟通能力"建立符合 SMART 原则的 OKR，因为这种软技能缺乏统一的度量标准。

敏捷团队高绩效的秘诀是，人们之间具有多样化和充分的合作。敏捷成熟度高的结果就是，员工对团队中其他人的任务和目标有更多的间接贡献。为了提高人们为其他人提供间接贡献的热情，而不只是埋头完成自己的任务，那么绩效考核就应该对人们的间接贡献给予充分认可。认可的前提是，能够将这些不容易反映在个人直接结果中的贡献量化和视觉化出来。所以，OKR 需要组合其他适合考核间接贡献的工具来完成绩效考核。

360 度评估法是一个能够考核间接贡献和软技能的工具。360 度评估法能够从员工的合作者处收集反馈。通过设计合理的问题，360 度评估法能收集到足够多的信息以描绘员工与其周围人员的合作情况，为定性指标的考核提供最全面的参考。360 度评估法还可以避免由于少数人的主观印象导致对被考核者评估的失真。一个好的敏捷团队的绩效考核系统，可以考虑将 OKR 和 360 度评估法相结合，分别考核定量指标和定性指标，并且适当提高 360 度评估法的权重，从而起到促进人们协作的作用。

3.6 OKR 失败的一些常见原因

OKR 把有挑战性的、鼓舞人心的想法和量化的关键结果结合在一起，让员工清楚地知道阶段性的目标和挑战。团队中的每个人都能清晰地知道自己努力的方向，明白怎样分配自己的时间，并且有一套机制帮助大家追踪、检视和调整——这些都是制胜的关键。然而要想达到这种效果并不容易，需要在实施 OKR 的过程中避免以下几种错误。

3.6.1 用 OKR 取代绩效考核系统

许多组织在引入 OKR 时，直接使用 OKR 替换了原有的绩效考核系统，让 OKR 负担起目标管理和绩效考核的双重责任，这是一种很常见但错误的做法。这种错误的根源在于简单地将"结果"和"绩效"画等号。OKR 确实能够满足制订和追踪目标的需要，但是目标的完成情况并不能代表绩效的全部。

> **贴士**
>
> 如果一个组织使用 OKR 来完全取代绩效考核系统，那么它在制订 OKR 时很有可能遇到以下问题：
>
> - OKR 的制订和讨论时间过长。
> - 目标太过详细和具体，目标和关键结果看起来与 KPI 无差别。
> - 目标不具备挑战性。
> - 目标与个人的岗位职责密切相关，缺乏服务组织整体战略的大局观。
>
> 这些问题的根本原因是，人们认为 OKR 等同于绩效考核。所以当

他们制订 OKR 时，不但要考虑目标，还要考虑如何有利于考核。这使人们更加保守，不愿意制订有挑战性的目标；使人们更聚焦于定义自己的职责和任务，而非更多地考虑整体目标和如何协作。

当人们认为 OKR 等于绩效考核时，就会出现一个非常有趣的现象：OKR 的制订会议就像合同谈判的过程，上级是甲方，下级是乙方，OKR 是合同内容。双方都尽全力试图澄清合同的细节，澄清双方的权责，期待在签字画押后就可以埋头工作而不需要做任何改动。这样的 OKR 会议往往也真的像合同谈判，要经历数轮才能尘埃落定。没有人还记得 OKR 的初衷：一个确保员工紧密协作的，把精力聚焦在能促进组织成长的、可衡量的贡献上的目标管理系统。

一个组织在引入 OKR 时，一定要声明 OKR 与绩效考核的从属关系，并且在绩效考核系统中引入 360 度评估法等其他考核手段作为辅助。如果人们在支持他人时（或者部门在支持其他部门时）所付出的精力、所展示出的能力有渠道获得考核和认可，那么他们就不必把它们塞入 OKR 的目标和关键结果中，使 OKR 看起来像日常任务列表。

3.6.2 目标提炼不足

OKR 的关键在于目标的制订需要从跨部门的产品团队层面上升到组织的战略层面。普通绩效考核会根据组织的战略来制订绩效指标，并且通过层层分解指标的方式向下指导工作。这种做法导致除了在指标制订之初的阶段参考了组织战略，各级部门在获得指标并分解指标向下传达时，参考的都是上级分配的任务，而非组织战略。图 3-2 是某公司的 OKR 评分表，虽然号称采用了目标管理，但是评分表里所列的目标更像一个任务列表，关键结果则是任务的详细分解。

目标管理评分表

姓名：		所属部门：		职位：			考核日期：	
序号	目标（O）	关键结果（KR）	KR权重	O分值	KR完成		KR得分	O得分
1	月度关键运营目标达成率	销售额完成率	35%	60	完成率≤90%扣10分 80%≤完成率<90%扣20分 完成率<80%不得分			
		客户数量达到300个	20%		客户数≤290个扣10分 80个≤客户数<290个扣20分 客户数<280个不得分			
		转化率达到1%	20%		转化率≤90%扣10分 0.8%≤转化率<0.9%扣20分 转化率<0.8%不得分			
2	计划及总结提交及时率	月度销售计划按时提交	10%	10	延迟1天扣10分 延迟2天扣20分 延迟3天不得分			
		月度销售报告按时提交	10%		延迟1天扣10分 延迟2天扣20分 延迟3天不得分			
3	其他工作任务完成情况	上级交办任务完成率	5%	30	完成率≤90%扣10分 80%≤完成率<90%扣20分 完成率<80%不得分			
总得分：								

图 3-2　某公司的 OKR 评分表（示例）

这种做法虽然看起来要求明确，有很强的可执行性，因而被广泛采纳，但如果某一层级在分解任务时与组织的战略出现了偏差，那么这种偏差会被下级继承，并且在向下分解时使偏差进一步扩大。另外，任务列表式的考核指标，会导致下级工作僵化，人们不愿意执行考核列表外的任何行动，即使它能给组织带来更多价值。当目标执行过程中出现错误、浪费、冗余等情况，人们就会缺乏责任感和动力去提出改进意见。

为了避免这种情况，各级部门和个人 OKR 的目标部分都应该提高到组织战略层面，甚至目标本身就应是组织战略的一部分。而对于目标对应的关键结果，则应该反映本部门为了实现目标而制订的战略。这样做能带来以下好处：

（1）目标和组织战略高度统一。这样可以有效避免在任务分解和层层向下传达的过程中由人为因素产生的误解偏差。

（2）发挥各级别的能动性。在 VUCA 时代，变化是唯一不变的。绩效考核也没有完美的、稳定的指标。如果每个人都理解组织的战略目标，那么在实践中，人们就能够判断绩效考核的指标是否有瑕疵，并且可以向上级反馈，甚至提出行之有效的解决方案。

（3）用制订战略的思维制订关键结果，能有效锻炼各级员工。对于"分解任务"的方式，其重点关注做什么，并尽可能把它们分解到最小的颗粒。而对于"制订战略"的方式，除了弄清楚做什么，还要结合自身的优势和劣势、内外部的资源和限制、行动的成本和收益等，从多个角度分析在完成目标的过程中可能发生的风险和机遇，从而制订出能够保证目标完成的关键结果。这个思考的过程是锻炼员工的难得机会。

贴士

我们经常遇到管理人员抱怨有些下属没有主动思考能力，或者思考问题不够全面，没有高度。其实，除了员工个体的差异，任务列表式的考核指标在僵化员工思维方面所起的作用也不可小觑。然而思维方式的改变不是一朝一夕之事，所以我们看到很多组织即使对员工进行了 OKR 的培训，部门和个人在使用 OKR 时，仍然习惯于采用由上至下分解任务列表式的方式。

示例

一个简单的技巧可以帮助团队或个人在制订目标时向公司的业务和战略靠拢，那就是"五问法（5 Whys）"。五问法是指对一个事物连续以 5 个"为什么"来自问，以追究其根本原因。在使用时不限定必须做 5 次"为什么"的自问，有时可能只要做 3 次，有时也许要做 10 次，重点是要找到根本原因。当部门或个人根据以往的习惯列出任务列表式绩效考核指标后，管理人员可以针对每个指标用五问法提问"做这件事情的价值是什么"，直到答案接近公司的战略层面。以绩效指标"计划及总结及时提交率"为例，它的五问法过程可能产生如图 3-3 所示的结果。

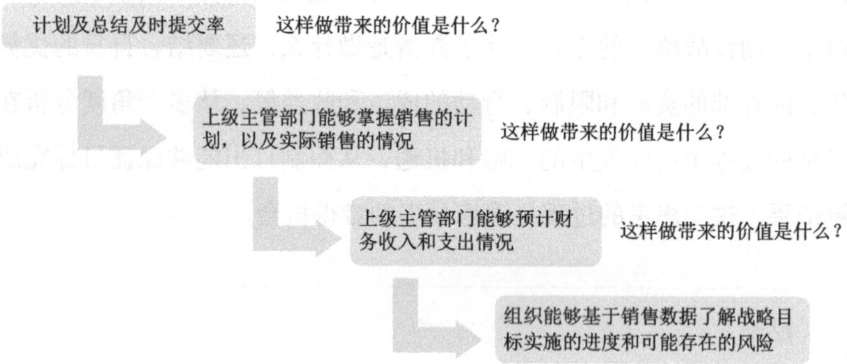

计划及总结及时提交率 → 这样做带来的价值是什么？
上级主管部门能够掌握销售的计划，以及实际销售的情况 → 这样做带来的价值是什么？
上级主管部门能够预计财务收入和支出情况 → 这样做带来的价值是什么？
组织能够基于销售数据了解战略目标实施的进度和可能存在的风险

图 3-3 五问法过程

从图 3-3 中可以看出，在经过 3 轮提问后，得出的结果就已经到达公司战略层面了。当目标从任务层面提升到公司战略层面时，有一些问题自然而然就浮现出来了。例如，计划和总结报告是否应该包含风险？什么样的风险应该纳入报告？什么样的报告频率是合适的？如何减少在报告统计和提交上占用的时间？这些问题都应该在 OKR 制订的会议上进行讨论，得出的结果就形成了关键结果。经过这个过程制订出来的关键结果，除了会包含原来的"按时提交计划和总结"，还会包含如何提高报告的质量和如何减轻报告给员工带来的负担。它显然更加全面地涵盖了行动方案，并且针对可能发生的问题提出了应对方案。

从上面这个例子可以看出，如果只告诉人们"做什么"，那么人们就只能机械地执行。要想发挥人们的能动性，提出更有效的建议，则需要告诉人们"为什么"。目标对于组织战略的意义就是"为什么"，所以各级部门和个人在制订 OKR 时，要将目标提升到组织战略的层面。

3.6.3 从不改变关键结果

关键结果虽然是用来衡量目标是否完成的要素，然而这些要素并非一成不变。有一些事情会导致关键结果发生变化：

- 人们在制订关键结果时可能并未考虑全面。
- 随着实际工作的进展，有些关键结果失效，有些新的关键结果浮现出来。
- 客户突然对质量提出了新的需求。
- 竞争对手采用了更好的技术方案。
- 改进工作方法的灵感突然涌现出来。
- 发现一些值得尝试的、可能存在的捷径。

人们应该在埋头工作的同时留意这些变化对关键结果的影响，并且根据需要及时调整关键结果，而非将目标和关键结果看作上下级之间的一纸合同，签订了就必须按合同条款执行。

> **示例**
>
> Kenneth Stanley 在《为什么伟大无法计划》（*Why Greatness Cannot Be Planned*）一书中指出，很多工作方法就是制订一个明确的、可量化的目标，然后拼命去实现它。这种策略的重大缺陷是，在现实世界中很多看上去有助于实现目标的方法具有很大的欺骗性，使用不当只会适得其反。甚至衡量目标进度的标杆本身也有问题，大部分组织选择

的衡量进度的方法最后被证明都是有巨大局限性的,甚至是错误的。Kenneth 的建议是,正确的策略是为了实现伟大的成就,我们必须愿意对任何道路都保持一定的开放心态,不仅关注短期的指标,而且还应该沿着多个方向并行探索。不断根据趋势寻找阻力最小、长期增长态势最猛的道路,可能收获惊喜,走着走着就发现远远超过了以前认知的目标,走出了一条原来无法想象的精彩道路。

3.6.4 OKR 制订时没有引入员工参与

参与感本身就是内在驱动力的一种。参与感还会激发另一种内在驱动力,那就是责任感。所以引入员工参与 OKR 的制订,可以起到激励员工的作用。然而引入员工参与不等同于只让员工参与 OKR 的讨论,而是切实地让员工的想法和意见在 OKR 中被采纳,甚至有机会影响重要的目标。好的 OKR 看起来应该像一种协议,是由组织内的各部分及管理人员和员工共同参与协商出来的,是如何更好地完成组织战略目标的共识。

> **贴士**
>
> 有些管理人员认为无法采纳下级提出的对于目标的建议,是因为他们提出的大部分建议质量较低。其实与面对一份任务列表相比,人们在面对有战略高度的目标时,会有更大的思考空间,进而有机会提出卓有成效的建议。另外,从提出低质量的建议,到提出高质量的建议需要一个练习的过程。不能因为一两次不尽如人意的结果,就减少员工表达的机会,甚至直接给员工分配 OKR。

目标和关键结果的制订是一个迭代过程,要不断协商、实践和改善,才能制订出既符合实际情况，又具有挑战性的目标。这需要组织内部有充分的信任。OKR 不仅允许组织中的人自下而上地思考自己应该做什么，还允许他们根据实际变化对关键结果进行适当的调整。这种做法能充分激发人们的内在驱动力，提升人们的参与热情。如果人们在 OKR 的制订过程中起到了很大的作用，那么在执行过程中也愿意承担更多的责任，在目标达成后获得的成就感也就更大。这个过程无须任何物质激励，参与本身就是激励。所以 OKR 就是一个自带激励作用的工具，但前提是，它得到了正确的使用。

3.6.5 对目标缺乏跟踪

用 OKR 来设定目标很棒，但是没有一个系统能替你完成它。建立卓越的量化指标，每个月收集反馈，每个人都承担责任，只有这样，才能保证目标的实现。

> **贴士**
>
> 很多组织和个人在执行和跟踪目标的时候都会有一些坏习惯。这些坏习惯包括：绩效考核的频率普遍较低，即半年或一年考核一次；绩效考核的指标设置完后就被束之高阁；人们一旦陷入工作的细节中，就很容易忘记最初的目标，在工作与目标发生偏离时也较难发现……这些习惯很容易让 OKR 流于形式。在 OKR 的实施过程中，只有保持自律，不断地跟踪和检视任务是否紧密围绕目标和优先级，才能保证用最少的资源、最短的时间，高质量地完成目标。

OKR 的追踪包含正式与非正式两种。正式追踪是指专门的 OKR 盘点会议。团队的 OKR 盘点会议应该由所有团队成员参加；个人的 OKR 盘点应该由个人和其直属经理共同完成。无论是团队的还是个人的 OKR 盘点，发生频率应为每 1~2 个月一次。

> **贴士**
>
> 在一些有关 OKR 的著作中，均主张设置 OKR 周例会。我认为，虽然频繁地围绕 OKR 进行沟通会带来一些好处，但过于频繁地盘点也会给团队和个人造成负担。对于大部分团队来讲，一个月，最长不超过两个月一次的 OKR 盘点频率是合适的。因为，虽然人们需要经常从工作的细节中抬起头，检查一下自己是不是偏离了目标，但也需要一段不被打扰的时间，以便能保持专注和高效。

非正式的 OKR 追踪可能发生在任何时候。例如，在工作进度会议中，在敏捷团队的每日站会和迭代回顾会议中，甚至在日常工作中的很多时刻，讨论的内容都有可能与 OKR 相关。为了促使人们在这种时刻更好地使用 OKR 来指导讨论和做出决策，最佳实践把 OKR 放在显眼的位置，以便人们随时都可以进行对照。敏捷团队使用的物理看板是一个很好的存放 OKR 的地方。即使不使用物理看板，也可以将 OKR 打印出来，贴在团队工作区域的显眼位置，或者在举行工作进度会议时将 OKR 打印出来带到会议室。

3.6.6 OKR 沟通质量低，频率低

OKR 的追踪与 OKR 的沟通不同，追踪的重点是查看目标完成度，而沟通则是双向的，重点是收集和给予反馈。低质量的 OKR 沟通只检查进度，单方面指出员工的不足，并且单方面提出对员工的改进要求。高质量的 OKR 沟通包括以下三个方面：

（1）围绕目标反复沟通。在一项针对美国 23 000 名员工的调查中，有

37%的人清楚地知道公司的目标和策略是什么；有9%的人认为他们的团队有清晰且可衡量的目标。所以针对目标反复进行多轮的沟通很有必要。在目标被提升到战略层面的情况下，管理人员和员工应围绕目标进行沟通，甚至辩论，以加深双方对目标的理解，并且对如何行动达成一致。这样做也有助于提高绩效考核标准的透明度。

（2）**收集员工的反馈**。OKR的沟通不单是一个检查关键结果完成程度的过程。为了应对在达成目标的过程中可能出现的不确定性，关键结果应该保持一定的灵活性，允许被调整甚至被放弃，而员工的反馈是很重要的调整依据。所以，在与员工进行OKR沟通时，应注意收集员工对关键结果的看法，并且及时采纳。除了收集员工对目标和关键结果的反馈，还应收集员工对OKR系统的看法、对OKR考核频率的意见，以便及时发现他们在使用OKR的过程中是否需要帮助。

（3）**给予员工反馈**。在沟通过程中，管理人员还应该给予员工多角度的反馈。反馈包括员工对目标的理解是否准确，员工是否把注意力有效聚焦在目标上，以及为了完成剩余目标，员工应该做出哪些改进等。这些沟通除了能够促进目标的完成，还有利于员工了解绩效考核的规则和重点，减少"潜规则"。同时，频繁地接收到管理人员的具体反馈，员工也会认为管理人员对自己的工作有深入的了解，从而更愿意接受管理人员做出的绩效评定。

除了提高OKR的沟通质量，还应保持较高的沟通频率。高频的沟通能够尽早地发现分歧并采取措施，有助于进一步提高管理人员和员工的互相了解和信任程度；而低频的沟通无法发挥OKR的作用。

3.6.7　缺乏对OKR方法的培训

OKR的形式很简单，也很容易学习。但在OKR的实施过程中，不但要求使用者思考做什么，以及为什么做，而且还要引导员工高质量地参与，对员工进行授权，这不仅涉及方法本身，还涉及组织内各级员工的工作方式、思维模式的改变。

要想成功地实施 OKR，需要组织进行深层次变革。所以引入 OKR 是一个系统工程，组织要做的不仅是培训大家了解什么是 OKR，还应该培训管理者了解如何引导下属共创高质量的 OKR；如何进行逐级授权；如何进行追踪和反馈。必要时还可引入 OKR 教练进行现场诊断和指导。

> **贴士**
>
> 在培训新方法的阶段，过度沟通非常必要。给员工提供足够的资源，使他们很容易就能找到这些资源。不仅可以发送电子邮件进行说明，还可以开发 OKR 实用指南、OKR 示例文档、OKR 错误示例，以及提供领导者使用的 OKR 演示文稿，甚至准备 OKR 在同行业其他公司的成功案例。在公司内部举行一系列研讨会，以传播、解释和促进 OKR。只有多种手段并举，才能帮助人们正确地理解和使用 OKR，而不是用新瓶装旧酒，同时，组织也才能收获切实的好处。

3.7 OKR 对敏捷团队的特殊意义

敏捷团队所面临的环境中充满了不确定的因素。为了应对不确定性，团队在实现目标的时候，需要灵活地变通工作方法。在一个敏捷组织内，团队和个人都应该能频繁地检视自己的工作，并且及时做出改进。这就意味着敏捷团队和敏捷个人需要在"做什么"和"怎么做"才能达成目标这件事上有一定的决策权。过去常见的由上至下制订和分解指标、传递任务式的绩效考核方式，实际上已经将"做什么"和"怎么做"固化在指标里了。如果只引入敏捷方法，不改变绩效考核方式，就相当于一方面主张授权团队，另一方面又规定了团队必须怎么做。鉴于绩效考核结果的重要性，人们的行为会更倾向于受考核的引导，于是这样做，敏捷变革最终只有一条路，就是走向形式化。

> **贴士**
>
> 想象一下，在任务列表式的考核指标里，如果有一条指标考核"计划及总结及时提交率"（见图3-3），但在实践的时候，敏捷团队成员发现，他们花在书写报告上的时间严重影响了工作效率，他们有多大的可能性，以及在多短的时间内，能对这条考核指标做出改善呢？即使组织内部开明，从上至下的制订绩效考核指标的方式也会导致修改指标的沟通成本太高，使人们不得不接受继续在一些无意义的事情上浪费时间的现实。
>
> 有些人寄希望在一开始就制订出全面的、合理的绩效考核指标，然而考虑到在整个社会环境中日益增长的复杂性和不确定性，这种想法也是不现实的。

虽然OKR与敏捷方法看起来并无关联，但是二者有很多的共同点。例如，二者在设计方法上都遵循制订明确的目标；对目标进行优先级排序；在目标执行过程中对员工进行授权；引导员工充分参与；激发员工内在驱动力等。这些相似之处并非巧合，因为它们本质上都是为了更好地应对复杂性和变化，对组织的各个级别进行赋能，打造高绩效的组织。正确地使用OKR来进行目标追踪和管理，对组织层面的敏捷转型而言，是必不可少的工作，在某种程度上这甚至决定了敏捷转型是否能够取得最后的成功。

第 4 章

360 度评估系统考核敏捷团队

Performance
Management
For Agile Teams

360 度评估系统是一种多源性评估系统，是为数不多的能对绩效考核中的定性指标进行科学的、系统的考核的方法。在普通绩效考核中，对定性指标的考核主要依赖管理人员从日常接触和观察中得来的主观判断。而在 360 度评估系统中，除了管理人员会对员工进行评估，还会选择与员工日常工作紧密相关的人员，如客户、同事、下级等，参与对该员工的评估。员工自己也会进行自我评估。这些评估报告提供了对员工日常工作的 360 度反馈，避免了由管理人员的主观印象左右考核结果带来的各种潜在问题。同时，员工的优势和劣势也可能在多个反馈报告中得到交叉印证，从而使判断结果更客观、更具有说服力。

4.1　360 度评估的流程

完整的 360 度评估包括以下步骤：

（1）依据被考核者的岗位职责和对其的能力要求，设计 360 度调查问卷的问题和打分标准。

（2）从与被考核者日常紧密合作的对象中选择 5~8 位，作为对被考核者提供反馈的评估者。

（3）将调查问卷同时发给被考核者和评估者。

（4）被考核者、评估者分别填写调查问卷，对被考核者进行评估，并且将结果发回。

（5）汇总结果形成最终报告，发送给被考核者和其直属上级。

（6）直属上级和被考核者举行评审会议，根据结果商议下一步行动计划。

360 度评估系统擅长考核定性指标。对于绩效考核中的定量指标，其考核过程依赖统计数据，不依赖人们的反馈，所以定量指标不纳入 360 度评估的范围。在设计绩效考核系统时，常见的做法是选一个能够跟踪目标和进度的工具，如 KPI、KSF[①]或 OKR 等，与 360 度评估法搭配，对绩效考核指标进行全覆盖。

对于敏捷组织而言，一些属于定性指标的软技能与岗位技能、交付技能相比同样重要。这些技能包括：

- 领导力/影响力和意愿。
- 主动性和积极性。
- 责任心和勇气。
- 沟通技巧。
- 创造力/创新能力/创新意愿。
- 人际关系发展和维护技能。
- 团队合作/协作技能。

这些技能都是敏捷团队绩效考核中重要的定性指标。将这些指标纳入绩效考核，有助于鼓励个人和组织向其倾斜更多的资源，使其得到足够的发展。另外，科学的考核可以帮助组织选拔合适的人才。

为了更好地达成这些考核目的，在使用 360 度评估法对这些指标进行考核时，要有技巧地设计调查问卷。表 4-1 就是一个考核几项常见定性指标的 360 度评估调查问卷的示例。

[①] 关键成功因素（Key Success Factors，KFS）是信息系统开发与规划的方法之一，1970 年由哈佛大学教授 William Zani 提出。KFS 是在探讨产业特性与组织战略之间的关系时常使用的概念，它结合本身的特殊能力，对应环境中的重要要求和条件，以获得良好的绩效。

表4-1 360度评估调查问卷（示例）

考核项目	行为描述	分值	打分
积极性和主动性	• 在完成本职工作的前提下，力所能及地承担更多责任 • 对工作有预见性，能够主动思考，超前思考 • 思考范围远远大于工作要求	8~10	
	• 按时、准时完成职责范围内的工作 • 完成工作质量与要求一致	5~7	
	• 不主动思考 • 工作的开展不仅需要被安排和细致地讲解，还需要经常督促	1~4	
沟通和表达能力	• 具备较强的沟通技巧，表达严谨 • 沟通时富有亲和力，具备同理心 • 人们愿意接受并采纳他的观点	8~10	
	• 沟通准确，表达具有逻辑性，语言通顺易懂 • 沟通主动，有耐心	5~7	
	• 沟通时表达的逻辑性差，要反复沟通多次才能表达清楚	1~4	
责任心	• 勇于承担责任 • 为了实现目标倾尽全力，不断自我改进和提高 • 可放心地交办工作	8~10	
	• 对任务的质量和时间具有责任心	5~7	
	• 工作时避难就易，挑挑拣拣 • 经常不能按时完成工作，或者完成质量低	1~4	
……	……	……	
其他评语及建议			

如表4-1所示，360度评估调查问卷主要包含两个部分：一个是考核项目，一个是打分标准（包括行为描述与分值）。打分标准为考核项目做了细节方面的说明，便于人们理解考核的具体内容，给出准确的分数。

对于定性指标的考核，其难点在于它涵盖了非常广泛的内容。以"沟通能力"为例，它既包含表达能力，又包含倾听能力。对于"表达能力"，既包含表达的逻辑性、用词用句等技能要求，又包含主动性、同理心、耐心等态度要求。落实到具体工作中，人们评价一个人"沟通和表达能力强"，实际上不仅意味着这些能力到位，而且还要能够取得切实的成果。这就需要沟通者有能力进行协调、平衡、解决冲突和取得共识。其他的定性指标也都与"沟通和表达能力"类似，均涵盖非常广泛的内容。当然，在考核某项定性指标时，大部分组织并非要求员工具备该指标所涵盖的所有能力，根据具体岗位不同，要求的具体方面和程度会有所区别。仍然以"沟通和表达能力"为例，对于业务岗位、管理岗位和技术岗位而言，由于其沟通的对象和目的不同，组织对其技能重点和程度强弱的要求各不相同。这种"含义宽泛，在不同场景下具体要求不同"的特性，导致定性指标成为绩效考核"潜规则"的重灾区，经常出现评估者对考核标准和程度的解释，与被考核者的理解不一致的情况。所以在表 4-1 所示的调查问卷中，打分标准中的行为描述是非常重要的。它描述了考核的具体技能，甚至用工作中的行为表现做辅助说明。同时将分数分为高中低三档，每档对应不同的表现，使得被考核者和提供反馈的人都清晰地知道考核的内容及打分的标准，从而能给出准确的反馈。

　　360 度评估的流程清晰简单，执行起来也很容易，需要注意的是，在问卷的设计和结果的分析上可能存在一些难点。

4.2 评估者的选择

　　在为被考核者选择评估者时，应该尽可能覆盖以下六个维度（见图 4-1）：

- 直属上级。
- 客户代表。
- 直属下级。
- 平级人员。

- 被考核者自己。
- 其他紧密合作者。

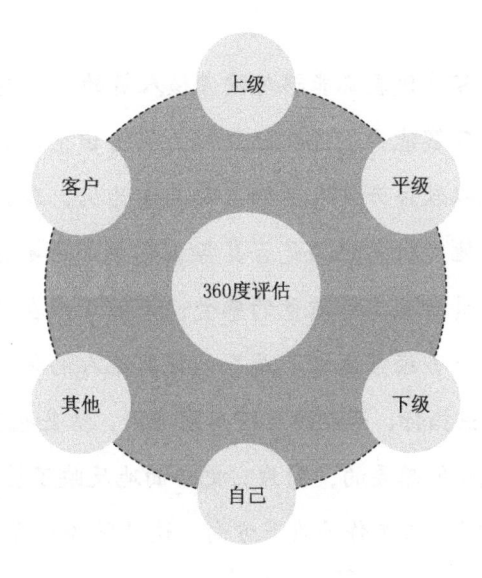

图 4-1　360 度评估所覆盖的评估者

1. 直属上级

直属上级是指被考核者直接汇报的上级。在某些采用矩阵式管理的组织内，员工可能有两条直属汇报线，一条是项目汇报线，另一条是部门汇报线，对应两个不同的直属上级。此时，在选择直属上级时应尽量选择与员工日常工作更紧密的那位直属上级。即使要同时选择两位，那么在评估的时候也要根据日常工作的紧密程度，为两位直属上级的反馈设置不同的权重。

2. 客户代表

客户代表是指对员工提出需求并接收员工工作成果的人。对于销售岗位而言，可能是商业客户；对于内部交付团队而言，可能是直接用户或需求发起方。他们接收或直接使用员工交付的工作，所以对员工的工作质量、工作态度、沟通能力等有直接的体验，能提供有价值的反馈。

> **贴士**
>
> 　　直属上级和客户代表都能够对被考核人员的工作态度、执行能力、工作质量、沟通理解能力、团队合作能力等给出全面的反馈，但是两者的角度不同。以软件开发人员的工作质量为例，客户对其工作质量的感受，来源于他交付的产品是否具备自己要求的功能并能否顺畅地使用。而管理人员对其工作质量的感受，来源于他在工作过程中的一些表现，例如，是否经常返工，是否依赖其他人的帮助等。所以对于工作质量这一考核指标，两者的反馈角度不同，结果也会有差别。然而这种不同恰恰是我们想要的，因为它更全面地反映了员工的工作质量，也更准确地指出了员工工作的改进方向。这就是360度评估的意义。

3. 直属下级

　　直属下级在日常工作中直接向被考核者汇报。直属下级对上级的领导力、决策能力、沟通能力、冲突解决能力等定性指标有最直接的感受，可以给出有效的反馈。在某些矩阵型组织内部，被考核者有两条下属汇报线。根据"近者打分"的敏捷团队绩效考核原则，要选择与被考核者在平日工作中更紧密的那条线上的下属人员作为评估者。普通员工没有直属下级，组织对普通员工的领导力、决策能力等往往也没有过高要求，所以即使缺失这个维度的反馈也不会影响对员工的绩效评估。

4. 平级人员

　　平级人员是来自被考核者团队的其他团队成员。如果被考核者是管理人员的话，可以选择同级别的、平日合作紧密的其他管理人员。

> **贴士**
>
> 平级人员对本级别的角色、工作内容、职责和所需能力等有比较深入的认知，也能对被考核者的协作能力、沟通能力、工作质量、责任心等给出准确的评价。然而，他们的视角与管理人员和客户又有所不同。客户的感受来源于最终的结果，管理人员的感受来源于日常的观察，而平级人员的感受来源于日常的每次互动、对话和合作。

5. 被考核者自己

被考核者对自己的评估也应该纳入评估结果中。一方面，管理人员的评估结果与员工自我评估结果间的差异，可以反映出一些有价值的信息，例如，双方对考核指标和考核标准的理解是否一致等；另一方面，将员工的自我评估结果和其他人对员工的评估结果对比，可以帮助员工更好地了解周围的人对自己的期待，同时提高对自我的认知。

6. 其他紧密合作者

除了以上几种角色，不排除在复杂组织内的沟通与合作中，被考核者还有其他紧密合作者。这些合作者不在以上几种角色之内，但因为工作原因也频繁地与被考核者进行互动，可以提供与以上几种角色视角不同但同样有价值的反馈。组织内还会存在一些临时的合作关系，例如，工会志愿者活动、临时组成的攻坚项目组，或者为了应对突发问题而进行的非常规合作等。在这些突发的、临时的合作中，员工有机会更好地展示协作能力、应变能力、创新能力等。从这些合作伙伴那里收集360度评估反馈，对于丰富360度评估的视角、全面反映员工的能力，甚至探索适合员工的工作环境，都是非常有用的。

无论选择哪些评估者对被考核者进行评估，在工作中与被考核者密切合作是一个最基本的条件。要排除那些依靠大体印象打分的人员，以及上次密切合作期太久远（超过三个月）、记忆可能受影响的人员。绩效评估是一件严肃的事情，如果结果存在重大偏差，会影响评估的准确性。

另外，在实践中，评估者可能并不了解被考核者的全部指标。例如，一个管理人员的平级同事，可能对被考核者的沟通协调能力比较了解，但是对他如何管理自己的团队则知之甚少，所以对与他的管理能力相关的指标不能给出很准确的反馈。此时，应该允许评估者在填写360度评估表时，只填写那些他们能给出准确反馈的指标，其他指标留空，不应随便填写。

> **贴士**
>
> 为了更准确地从评估者处收集反馈，有的组织在实践中不采用单一的调查问卷，而是针对不同的评估者角色设计包含有针对性问题的调查问卷。例如，对于同一被考核者，其直属上级、直属下级、客户代表、平级人员和其他紧密合作者所收到的调查问卷中的问题应是不同的。每份问卷都基于这个角色与被考核者合作的角度，以及其关注的被考核者的品质来收集反馈。这样的做法在信息的准确度和全面性上显然具有优势，但增加了问卷设计阶段和后续的问卷分析阶段的工作量。如何取舍要根据组织的规模，以及组织愿意为提升考核精确度而付出的成本等多种因素来综合决定。

360度评估系统通过收集多方视角的反馈来进行对比，能够解决定性指标考核中的如下问题：

- 定性指标可感知，难量化。
- 定性指标涵盖内容广泛，难定标准，容易产生理解上的分歧。

- 由少数人（在多数情况下指的是上级）做出评判时，不容易获得被考核者的认可。

360 度评估系统不仅可用于评估员工，同样也可用于评估团队。在敏捷组织中，团队之间的协作更加频繁和灵活，所以团队的绩效考核不仅包括团队直接产出的成果，还包括团队作为一个单元展现出来的沟通能力、协作能力、创新能力、学习和成长能力等，这些能力也属于敏捷团队绩效的重要组成部分。360 度评估系统对于评估团队的定性指标同样有效。

提到团队的绩效考核，人们往往想到的主要是考核其定量指标的完成情况，如任务的完成度、客户满意度等。而敏捷方法认为，提升组织效能的关键在于打破部门之间的壁垒，提升各部门和团队之间的协作效率。如果我们仔细观察 LeSS[①]或 SAFe[②]之类的大规模敏捷框架，就会发现，在这类针对组织级别的敏捷框架里，团队之间的协作不仅要协作完成任务，还要协作共同改进整体的流程、环境和文化，从而达到在项目组合甚至项目集级别的敏捷。所以敏捷组织不仅要求团队能够完成任务，还要求团队懂得协作，懂得持续学习和改进。而绩效考核理所当然要发挥其促进团队提升软技能的作用，即将团队的软技能纳入考核指标进行考核。

4.3 分析评估结果

从评估者和被考核者那里收集的 360 度评估报告，可汇总成如表 4-2 所示的表格，以方便对比和评估。

[①] 大规模 Scrum（Large-Scale Scrum, LeSS）是一个组织级敏捷框架，适合拥有 2~8 个 Scrum 团队的组织。
[②] 规模化敏捷框架（Scaled Agile Framework, SAFe）是一个组织级敏捷框架，适合拥有 8 个以上 Scrum 团队的组织。

表4-2 某管理岗位360度评估结果汇总（局部）

项目	描述	自我评估	反馈(1)	反馈(2)	反馈(3)	反馈(4)	反馈(5)	平均分(不包含自我评估分数)
沟通协调	在本部门内，帮助大家紧密合作完成工作，关系融洽	4	5	4	3	4	4	4
	主动征求他人的意见，并能采纳与自己不同的观点	4	4	2	1	2	2	2.2
	能够和上级、平级和下级保持经常的交流	3	2	2	3	3	2	2.4
	能够与其他部门建立良好的合作关系	5	5	5	4	5	4	4.8
	会主动和下属沟通，了解工作中的困难和个人状况	3	3	4	3	3	4	3.4

自我评估平均分数：3.8
360度评估平均分数：3.32

团队建设	推崇有助于团结全体人员的组织价值观，确保员工对组织文化的认同	4	N	4	5	4	4	4.25
	工作中注重发挥集体的作用，而不只是发挥少数人的作用	4	N	5	5	5	4	4.75
	善于建立同事之间的合作与信任，妥善处理人际冲突	3	N	5	5	4	4	4.5
	在团队中，能够为所有参与者设定清晰的目标，分配权力和个人职责	4	N	4	4	5	4	4.25
	能够公平对待所有的员工	5	N	3	1	2	1	1.75

自我评估平均分数：4.0
360度评估平均分数：3.9

续表

项目	描 述	自我评估	反馈(1)	反馈(2)	反馈(3)	反馈(4)	反馈(5)	平均分(不包含自我评估分数)
授权团队	能授予员工必要的工作权限，并尊重员工的自主性	3	N	3	4	5	4	4
	让员工为所承诺的事项和截止日期负责	2	N	2	4	3	4	3.25
	在下属工作出现失误时，不推卸自己应负的责任	4	N	3	3	4	4	3.5
	尊重员工的意见，并允许员工尝试自己的想法	3	N	4	4	5	4	4.25
自我评估平均分数：3 360度评估平均分数：3.75								
员工激励	根据员工的工作进度和效果，提供及时、明确的反馈意见	4	N	2	2	1	2	1.75
	及时发现员工的优秀表现并及时给予表扬	5	N	4	5	5	3	4.25
	信任员工的工作能力，鼓励员工追求卓越	4	N	4	5	5	4	4.5
	通过激励员工，塑造团队凝聚力，增强员工对自身及组织的自信心	5	N	4	5	5	5	4.75
自我评估平均分数：4.5 360度评估平均分数：3.8								
……								

360度评估结果的汇总方式有很多，表4-2是比较常见的一种。此表除了可供管理人员参考，还可用于管理人员和员工之间进行绩效考核的沟通。实践证明，相比管理人员直接指出问题并给予建议的做法，360度评估反映出来的问题，更容易被员工接受。

> **贴士**
>
> 当将360度评估结果展示给被考核者时，需要对评估者进行匿名处理。如表4-2所示，将评估者用"反馈（1）""反馈（2）"或类似的文字代替。管理人员在与被考核者沟通的时候，也要尽量避免在无意中透露或暗示评估者是谁。因为对被考核者匿名，能减少评估者因为面子或人情产生的顾虑。在组织中，每个人既是被考核者，也是别人的评估者。当人们发现，很容易就知道是谁给了自己评价之后，就会在评价别人时产生顾虑。

在表4-2中，统计了每个指标的平均分和总平均分。分数在许多组织的绩效考核中非常重要，甚至一系列绩效考核活动的主要目的就是得出这些分数。但平均分在360度评估结果中的价值是排在最末位的。因为平均分虽然可以从整体上反映被考核者的情况，从而为奖惩措施提供参考依据，但决定奖惩只是绩效考核的众多功能之一。绩效考核还应该反映组织真实的运营情况，这其中就包括人才素质和人员能力分布。另外，绩效考核还应根据考核结果给予员工反馈，反馈越具体，越具备可执行性，就越能帮助员工快速改进。为了做到这几点，考核人员在阅读360度评估结果时，不应只关注平均分，而应该像专业的数据挖掘工程师那样，分析每个数据，充分挖掘数据背后传递出来的信息。

下面列举了部分360度评估结果里常见的分数规律及其背后值得考核人员关注的信息：

（1）**某指标的员工自我评估分数与他人评估分数都较高**。这种结果说明员工比较擅长该工作，并且其能力广泛获得了周围人员的认可。对于这种指标，管理人员应及时予以表扬和肯定，尤其是当该指标并不属于员工过去所擅长的领域时。

（2）**某指标的员工自我评估分数较低，他人评估分数较高**。出现这种结果往往意味着员工在该工作上的能力已经足够，并且获得周围人的认可，但是员工本人对自己有着更高的要求。管理人员应该询问员工以了解他在该工作上有何期待，了解员工是否需要支持。

（3）**某指标的员工自我评估分数较高，他人评估分数较低**。出现这种结果有两种可能：一种是员工高估自己在该工作上的能力；另一种是员工能力确实强，但是因为缺乏与别人的合作，或者缺乏展示机会，导致其能力不为人所知。管理人员在做出判断之前，应该倾听员工对自我评估和他人评估有偏差的看法，并且在对话过程中了解这种偏差属于哪种类型。如果员工高估自己在该工作上的能力，那么管理人员应当帮助员工理解该工作对员工的具体能力要求，帮助员工从其他人的视角理解别人对他的期待，从而校正员工的自我认知，找到正确的改进方向；如果是员工的工作缺乏透明度，那么管理人员应该与员工探讨有哪些方式可以提高员工与外界的交互，以及调整汇报方式、汇报频率等，以提升员工工作的透明度。

（4）**某指标的员工自我评估分数较低，他人评估分数也较低**。出现这种结果说明员工在该工作上遇到了明显的困难，无法胜任该工作，或者无法与他人有效合作，员工还有较大的改善空间。管理人员在做出判断之前，也应先听取员工的看法，了解员工的困难，再针对实际情况进行沟通和建议。

以上四种情况是在360度评估中常见的。事实上，在阅读360度评估结果时，考核人员应该更关注和总结现象及规律，不要过分聚焦于分析具体的分数或某个人的反馈。由于评估者对具体指标的理解和所站的角度不同，他们给出的评分有差别是很正常的。聚焦于单个分数，或者聚焦于某位评估者的分数，又或者聚焦于两个不同的评估者之间的评分差距等，最终得出的结论不具备代表性，不能反映事实。相反，如果多位评估者的分数呈现一定规律，则其反映的现象更贴近事实。

360度评估系统的优势在于，能全方位呈现员工或团队在工作中的真实表现，以及员工或团队与周围各方互动的状况，便于管理人员从中挖掘信息，丰富自己对员工或团队的了解，校正自己的认识，从宏观上掌握员工或团队的能力和特点，从微观上给他们提出合理的、可执行的建议。

另一个在360度评估结果分析的过程中非常值得注意的方面是，360度评估系统虽然是一个以打分为评估手段的系统，但其分数不应该直接用于横向对比被考核者绩效的优劣。

> **贴士**
>
> 两个因素导致了360度评估的结果不适用于直接横向对比。第一个因素是，如果我们将每个被考核者的所有360度评估者看成一个针对该员工组建的"绩效评估委员会"，那么每个员工的绩效评估委员会是由不同的成员组成的。第二个因素是，由于360度评估系统评估的主要是定性指标，而定性指标的特点是可感知、难量化，所以打分的结果在本质上反映的是评估者的主观印象。所以，当我们试图横向对比两个人的360度评估结果时，实际上，我们在对比A群体对B员工的主观印象，以及C群体对D员工的主观印象。这样的对比存在误差是显而易见的。

虽然360度评估的结果不适用于直接横向对比员工的绩效，但这并不妨碍360度评估的结果在绩效考核中发挥作用。360度评估的结果可以帮助管理人员在绩效考核时有效地、客观地做出以下判断：

（1）员工是否表现优异，例如，有多个考核指标均得分较高。

（2）员工是否平庸，例如，得分很高/低的考核指标较少或没有，大部指标的得分在中等水平。

（3）员工是否有重大的需要改进的问题，例如，有多个考核指标得分较低，或者有一两个重要考核指标得分较低。

（4）员工是否进步或退步了，例如，相比历史记录，其好评增加了还是减少了。

有了这些判断，再结合量化指标的统计结果，管理人员可以很容易地对员工的绩效进行排序。这样的排序虽然还摆脱不了人与人之间的评比，但它远比普通绩效考核的依据更加丰富、说服力更强。在普通绩效考核中，关于员工是否表现优异的判断主要依赖管理人员的主观印象，打分标准和打分结果的最终解释权也在管理人员手中，导致员工对考核结果的实际认可度较低。很多组织依托绩效考核结果设立了金字塔形的激励模型，其实际的激励效果往往取决于人们对考核结果的认可度和接受度。

基于 360 度评估系统的结果做出的判断，其视角更加全面，证据更加充分。大量实践的结果验证了，360 度评估系统能够提升人们对绩效考核结果的认可度。只有被考核者认可其获得的绩效考核结果，并且认为自己与其他人处于同样的考核规则中，绩效考核系统才能激励他们。

好的绩效考核系统除了要能够激励人，还要能够帮助组织了解其运营情况，以便更好地做出决策。相比其他绩效考核方法，360 度评估系统能够为定性指标更好地描述人力资源的能力、内部协作的效率、创新能力高低等，这对组织的运营来说意义重大。

> **贴士**
>
> 在 360 度评估方法的实践中，会遇到一种常见的情况，那就是无法从调查表的汇总结果中总结出明显的特征。如果这种情况出现的频率较高，那么需要重新评审调查问卷的问题列表。如果问卷中对打分

标准的描述过于宽泛，或者没有紧密围绕工作重点，那么人们很可能感觉调查结果缺乏参考意义。问题的设计需要紧密围绕员工的工作重点，并且符合前一章提到的 SMART 原则。只有兼顾这两点，人们在填写调查问卷时才能给予足够准确的反馈，并且汇总后的结果才更具备可用性。

4.4　360度评估操作要点

除了在分析 360 度评估结果时有诸多需要注意的事项，要想充分发挥 360 度评估的优势，在具体操作中还要关注以下几点。

1. 对每位被考核者收集一定份数的反馈报告

为了有效地评估被考核者，从其紧密合作者中收集 6~12 份反馈报告为最佳。报告少于 6 份则数据较少，主观因素大，不易总结规律。只有数据达到一定数量，主观因素的影响才会减小，规律性才容易显现出来。但如果针对一名员工收集的反馈多于 12 份，则组织中的每个人都需要花大量的时间为彼此提供评估，会占用过多资源，报告汇总和评审的成本也会上升。

2. 选择高质量评估者

在为被考核者选择评估者时，基本原则是，要覆盖前文提到的 360 度评估的六个维度所涉及的角色。在这六个角色中选择评估者时，首先要选择与被考核者互动最频繁的人员。其次，要围绕团队的工作重点、员工的主要职责，多选与之相关的评估者。例如，一个以客户为中心的销售岗位，在收集 360 度评估时，可以多选几位"客户代表"角色的评估者，而对于"平级人员"角色或"其他紧密合作者"角色，选一位或两位即可。

3．授权员工提名至少一位评估者

被考核员工的评估者，一般由上级管理人员或 HR 来选择，但是授权员工提名至少一位评估者会带来多方面的好处。首先，员工会感到被信任；其次，能提升员工对最终评估结果的接受程度。有些管理人员担心员工会选择与自己私交较好的人一起"造假"，但如果只授权员工选择一位评估者的话，即使真的有一定程度的"造假"，对最终结果的影响也很有限，更何况并不是所有人都会参与"造假"。总的来说，授权员工提名一位评估者这种做法的收益是大于损失的。事实上，很多组织都授权员工自己提名超过两位评估者，甚至有些组织全权由员工提供评估者。

4．确定适宜的评审频率

360 度评估的评审频率设定为 2~3 个月一次为宜，因为人们往往只能对近期发生的事情给予准确的评价。随着时间的推移，人们对细节的记忆渐渐模糊，会影响评价的准确性和客观性。超过 3 个月，会由于记忆的偏差影响考核结果。短于 2 个月也并不值得推荐，一方面，这会过于占用人们的时间、精力及其他资源；另一方面，人们需要一段时间才能改进定性指标并让周围的人看到效果，过于频繁的考核没有意义。

5．认真倾听

360 度评估的评审会议并不是一个单方面传达考核结果的会议，而应该是一个双向的过程。即使评估结果已经摆在面前，管理人员也应在给员工建议前，先倾听员工对于结果的看法，并且通过提问等手段帮助员工进行充分的表达。这样做可以补充管理人员对员工的认知，有助于提高员工对接下来管理人员给出的反馈和建议的接受程度。除了要倾听员工对考核结果的看法，还可以向员工征集关于考核过程的看法，用于诊断绩效考核过程的有效性并做出改进。

6. 用正面的方式给予反馈

在 360 度评估的评审会议上,管理人员可以选择员工表现相对优异的指标开始,先对员工的工作进行肯定,然后过渡到需要改进的指标,用"有提升空间的指标"这种正向的句式来替代"做得不好的指标"这种负向的句式。用正面的方式给予反馈能够提升员工对反馈的接受程度,从而使其更有可能在未来做出实质性的改进。

7. 聚焦 1~2 个改进点

如果员工有多个指标得分较差,管理人员应该在与员工召开评审会议前,圈定在下一个评估周期内希望员工聚焦的 1~2 个改进重点。在评审会议上,应重点讨论这些指标并制订切实的改进计划,而对其他反馈较差的指标则采取点到为止的策略。如果员工意识到自己需要做出的改进太大,反而会变得没有信心、缺乏动力。聚焦小的改进目标,使用正面的反馈方式,会让员工更愿意改进,并且改进也更容易取得成果。

8. 优先关注特征明显的指标

当管理人员与员工进行 360 度评估结果的对话时,为了提高效率,无须对结果逐个分析和解读。前文已经列出了一部分在 360 度评估结果中常见的规律及其背后关联的意义,管理人员可以优先从能展示出明显特征的结果开始,毕竟这些结果的说服力强,易被接受。但总有一些考核指标的结果没有展示出明显特征,如果这些指标的重要性较低,就无须关注。如果指标的重要性较高,管理人员宜提出对该指标的具体期待,不宜加入自己的主观判断或做出负面评价。因为此时没有较强的证据支撑,员工不但很难从内心真正接受这些考核结果,而且还可能产生其他负面影响。

4.5　360度评估对敏捷组织的意义

对于任何一个称得上高绩效的敏捷团队来说，都会具有两个特征，第一个是敏捷团队由被激励的个人组成，第二个是敏捷团队能够持续地进行卓有成效的改进。360度评估法在促进形成这两个特征方面相对于其他绩效考核方法有更加明显的优势。

要想使用绩效考核手段激励个人，最基本的就是要构建公平、公正的考核系统。在定量指标的考核中，做到这一点并不困难。因为定量指标主要由客观的数据组成，在日新月异的跟踪、统计软件的帮助下，定量指标的统计和计算很容易做到准确、透明。而对于定性指标的考核，由于不得不依赖主观判断，其结果容易造成争议。如果人们认为绩效考核的结果无法反映自己真实的付出，或者考核结果带有偏见，那么无论组织内的职业发展路线设计得多么完美，金字塔奖励系统设计得多么诱人，都无法起到激励作用。

> **示例**
>
> 许多管理人员对自己的"识人"能力非常自信，也有一些管理人员由于与团队合作很久了，自以为很了解员工，所以他们认为自己对员工的定性指标的评价是准确的、客观的。我并不怀疑这种自信，然而管理人员认为自己的评价是否客观，与员工是否认可评价并接受改进建议是两码事。只有员工发自内心地接受并认可考核结果，才会激发他们的内在驱动力，认真对待建议并落实到行动中。如果员工只是表面上接受了建议，实际上并不认可，就会出现"屡教不改"的情况。

当人们面对一个关于自己的多维度调查结果，并且看到其呈现的一些具有普遍性的评价时，人们更容易接受这些评价，并愿意为之切实采取改进行动。这就是 360 度评估法的意义所在。如果想在敏捷团队中看到积极的、主动的、持续改进的个体，360 度评估法就是考核系统中必不可少的工具。

要想让绩效考核帮助团队持续地进行卓有成效的改进，首先要知道哪里需要改进。没有人能基于一个 3.5 分的责任心评价得出具体的、可执行的改进建议。当面对"与团队内部的同事合作积极主动、具有责任心，但较少主动承担本岗位职责外的工作。与上下级沟通顺畅但与客户沟通似乎遇到了困难"这样的评价，人们就很容易得出准确而具体的改进建议。360 度评估法给出的不仅仅是一个抽象的分数，基于它的考核结果能构建出一个与"用户画像"[①] 颇为类似的"员工画像"。正如产品设计师使用"用户画像"了解用户、洞察用户需求一样，考核者也能通过"员工画像"更全面地了解员工，发现员工真正需要改进的地方。同样，用 360 度评估法考核敏捷团队可以得出"团队画像"，这些画像最终汇集成"组织画像"，为组织级的改进提供高价值的参考。

> **💡 贴士**
>
> 正如一切简单直接的答案往往也是片面的和有局限性的一样，一个抽象的分数，无法准确地描述个人和团队现状，更无法描述个人和团队在与周围其他人互动时的情况，而且不可避免的粉饰分数的行为还会掩盖一些真实情况。不能准确描述，就无法准确评价；而无法准确评价，就无法进行有效的管理，绩效考核就失去了最重要的功能。

[①] 用户画像又称用户角色，是一种勾画和分析目标用户、洞察用户需求的工具。

由于 360 度评估法能够全面地、详细地反映员工工作的实际情况和能力，同时 360 度评估法的结果能够详细地描绘组织内部的协作情况，能够提升绩效考核这个运营"仪表盘"的精确度，所以一些著名的企业（如谷歌和脸书等）都在自己的绩效管理系统中引入了 360 度评估法。360 度评估法在提升员工对考核结果的接受度和改进意愿方面的独特作用，使其成为提升敏捷团队成熟度必不可少的管理工具之一。

第 5 章

KPI 和平衡计分卡的应用

Performance
Management
For Agile Teams

第 5 章　KPI 和平衡计分卡的应用

在组织的敏捷转型路上有很多障碍，其中出现频率最高的一个障碍就是人们难以平衡短期目标和长期目标。人们虽然都认可内部流程改进与人才培养和激励对组织的长远发展至关重要，但是在生产过程中又忍不住优先把时间和精力放在满足短期绩效类指标上，永远都"没有时间"去做流程改进与人才的培养和激励。所谓适合敏捷团队的绩效考核方案，首先就应该能够有效地帮助人们克服这一障碍。

5.1　关键绩效指标（KPI）

关键绩效指标（Key Performance Indicator，KPI）是用来衡量部门、团队或某一岗位人员工作绩效表现的量化指标，是对工作完成效果的最直接的衡量方式。关键绩效指标的内容来源于对组织总体战略目标的分解，反映的是最能有效影响组织创造价值的关键因素。设立关键绩效指标的目的在于，能使经营管理者将精力集中在对绩效有最大驱动力的经营行动上，及时诊断在生产经营活动中出现的问题，采取能够提高绩效水平的改进措施。

以下是一些互联网行业中常见的关键绩效指标：

- 新增用户占总用户的百分比。
- 活跃的用户数量。
- 软件的新版本上线后发现的 bug 数量。
- 客户的投诉数量。
- 产品延迟交付的次数。

在一个组织内部建立 KPI 绩效考核体系，最简单的流程可以仅包含下面四步：

（1）制订战略目标。总体的 KPI 制订需要明确组织的战略目标，由组织的中高层管理者负责制订战略目标，并且将战略目标分解成数个支持性的子目标。

（2）**关联目标和业务流程**。支持性的子目标需要组织的业务流程支持才能够完成，因此第二步需要将支持性的子目标与主要业务流程建立联系，目标也就成为业务流程的 KPI。

（3）**制订部门级别的 KPI**。业务流程的 KPI 会根据业务流程上的职能进行分工，分解为工作在业务流程上各个职能部门的 KPI，这样，就在组织的战略目标和部门的职能指标之间建立了联系。

（4）**进一步分解 KPI**。根据部门内的业务流程和各职位的职责，将部门的 KPI 分解到各子部门，子部门继续分解，直到分解到个人。

通过这四个步骤，组织就能够实现战略目标、流程、职能、职位的统一。流程清晰、相对容易操作，是 KPI 的一大特点。

围绕 KPI 进行的绩效考核，是组织重要的运营活动之一。宏观上，KPI 实现了顶层的经营设计在组织内的高效传达，帮助高层了解对创造组织价值最关键的经营操作的状态，帮助管理者及时诊断经营中的问题并采取措施，帮助组织聚焦在对绩效有最大驱动力的经营方面；微观上，KPI 可以追踪工作进度，诊断工作中的问题，对员工的工作进行评估，建立相应的奖惩制度。

5.1.1　KPI 的特点

1. KPI 的优点

KPI 自 20 世纪早期诞生以来，迅速成为一种获得广泛认可的、有效的绩效评估方法。KPI 如此受欢迎，是因为它具有以下优点：

（1）**目标明确，有利于组织战略目标的实现**。KPI 将组织战略目标层层分解，通过 KPI 指标的整合和控制，使员工的行为与组织目标要求的行为相吻合。KPI 在实施的过程中强调量化，也要求其指标符合 SMART 原则，并尽力保证目标在传递的时候不失真，以达到上下统一认识和行动的目的。

（2）**容易聚焦**。80/20 法则是 KPI 理论的重要精髓之一。即组织 80%的收益（如销售额、纯利润等）是由 20%的关键活动产生的，KPI 在制订之初就重点识别 20%的关键活动并围绕其制订绩效指标。这些绩效指标通过分解层层向下传递，达到组织上下同时聚焦关键活动的目的。

（3）**起到良好的监控作用**。KPI 系统帮助组织建立了一个经营仪表盘。通过对 KPI 指标的监控，确保组织的决策者能够快速灵活地了解业务并及时调整战略，帮助组织成功。组织的中下层管理者也容易对标上级要求，及时发现运营中的问题并做出调整。

（4）**直观**。对于可量化的指标，KPI 考核能够非常直观地反映指标的完成情况。

（5）**简单**。由于目标明确、高度量化，所以无论是在传达与执行的过程中，还是在考核结果时，KPI 的操作都相对简单明了。

2. KPI 的缺点

从 KPI 的名称"关键绩效指标"上不难看出，KPI 考核方法聚焦的是绩效指标，也就是财务指标和会计指标。在 KPI 诞生之初，随着产业和技术的成熟、组织规模的扩大，以及分工的精细化程度的加深，财务指标和会计指标变得易于获取，可比性强，并且在管理上的可操作程度高。这些特点让 KPI 理论迅速流行起来。在 KPI 诞生后的近百年里，流程化、标准化一直是组织管理的主旋律，KPI 获得了长期稳定的适用环境，并积累了大量的实践经验，大大丰富了其理论框架。这种局面一直持续到 20 世纪 80 年代。

然而，随着信息时代的来临，通信基础设施的变革改变了人们的合作方式；新的行业不断涌现，日益增加的不确定性对传统的标准流程和精细分工带来了冲击；能够影响现代组织经营结果的内外部因素更加复杂。固定的流程和精细的分工在这种背景下反而拖累了组织的发展。为了应对复杂性和不确定性，组织既要授权内部各个单元之间进行关联、合作和互动，又要了解内部单元合作与互动的细节，以便给予合适的建议。组织的管理从关注整个流程降沉到更加细节的层面。在这种背景下，KPI 作为绩效考核工具暴露出三个缺点：

（1）**只能评价结果，无法展示更多的细节及深层次原因。**KPI 的量化指标是对运营的一种综合和抽象的反映。这种综合和抽象的特点，对 KPI 报表的阅读者而言是友好的。但也正是由于这种综合和抽象，使很多深层次的原因和具体的情况被忽略掉了。换句话说，量化的数字能反映的是组织内部经营活动的结果，但不能揭示产生这种结果的原因。它无法清楚地说明结果是如何得到的，也就难以为接下来的改进指明方向。

> **贴士**
>
> 从 KPI 的报表中很容易就能识别出问题，但是无法明确造成问题的原因。在工业时代，因为组织内部的流程清晰，角色分工和岗位职责明确，而且工作模式在很长一段时间内不会发生大的改变，岗位或部门之间的互动是线性的，所以识别出问题后也较容易追踪其原因。但是在信息时代里，组织内的合作方式更加复杂，流程和角色的变化也比较频繁，岗位和部门之间的互动是网状的，一个问题背后关联了其他错综复杂的问题，到底哪个问题才是关键所在？在这样的背景下，不包含细节的指标在反映内部经营状态的时候准确率就会降低。

（2）**无法有效评估定性指标。**定性指标的考核难点在于其可感知，难量化。感知定性指标的过程发生在工作的过程中，而定性指标在结果中的作用大小又很难清晰量化出来。KPI 在面对这一类型的指标时没有很好的方法。

当考核一个人的沟通能力时，需要与他进行面对面的沟通，或者旁观该员工与其他人沟通的过程，或者听取该员工周围的合作者对他沟通能力的反馈。这个过程就是一个感知的过程。除此之外，我们没有办法知道其沟通能力的强弱。如果感知不够全面，例如，只与该员工进行过几次面对面沟通，容易做出错误的判断。其他定性指标都与沟通能力类似，它们不是能够"计件"或"计量"的工作，而且我们也无法确定在最终的成果中有多少成果是由定性指标决定的，即使我们知道那一定是很大一部分。

> 💡 **贴士**
>
> Scrum Master 的绩效评定是一种非常具有代表性的定性评估。Scrum Master 的工作职责是负责引导团队使用 Scrum 流程，并利用引导、教练等手段解决团队内外部的协作问题，从而提升团队效率。Scrum Master 的工作质量是不可量化的，我们显然不能通过 Scrum Master 每个月引导多少次 Scrum 会议、解决多少次冲突来考核，因为这类数字对团队没有意义，有意义的是 Scrum Master 通过这些事件对团队产生的影响，而这些影响又难以捕捉。于是在有些团队里，人们觉得 Scrum Master 除了引导 Scrum 流程，还应该从待办事项（Sprint Backlog）里选几个用户故事（User Story）来做，否则就无法评估其绩效。这其实说明了该团队所在的组织使用的绩效考核系统不能有效评估定性指标。还有一种观点认为，如果 Scrum Master 的工作卓有成效，应该能促进团队绩效的提升，所以 Scrum Master 的绩效可以用团队绩效来衡量。但在实际情况中，团队绩效的高低还会受除 Scrum Master 外的很多因素影响，而且无法从团队绩效变化中分辨出有多少是与 Scrum Master

> 相关的，这种考核 Scrum Master 的思路也是不现实的。
>
> 要想准确地评估 Scrum Master 的工作，只能通过感知团队在沟通、协作方面的变化，旁观 Scrum Master 的工作，通过 360 度评估和 NPS（Net Promoter Score，净推荐指数，也称为口碑）等手段收集成员和相关方的反馈来形成对 Scrum Master 工作成果的"画像"。

由于定性指标的考核需要多种考核方法相互辅助、相互印证，甚至需要采用长时间的追踪和对比，所以在进行绩效考核时，即使能够定义出与定性指标相关的关键活动，也很难总结出合适的可量化的指标。在许多实行 KPI 的组织中，对定性指标的考核最终依赖管理者的主观判断来打分，使考核呈现两种常见的结果：要么考核结果出现主观偏差，不能准确反映被考核者的情况，引起被考核者不满；要么考核结果趋同，拉不开被考核者之间的差距，对于发挥绩效考核的"了解现状"和"选拔合适的人才"这两方面作用不大。

（3）**让人们聚焦指标，而不是目标**。小米的总裁雷军曾经说过："KPI 会逼得大家迷失自我，不把重点放在怎么改善产品和服务上，而是改善 KPI 指标上。粉饰 KPI 有无数种技巧。"

如果在考核中追求将一切都量化成数字，人们就会围绕数字下功夫。然而数字只是结果的高度抽象，无法反映结果是如何获得的。并非考核什么指标，就会得到什么价值。事实上，考核什么指标只会得到指标数字。

在技术和需求越成熟、越稳定的行业，以 KPI 方法为框架，使用量化的指标进行绩效考核是行之有效的。因为这一类行业分工明确，流程清晰，各岗位的工作内容也基本稳定，有条件在很长一段时间内对绩效指标进行筛选和改善。在这类行业中，完成任务即可获得价值。如果考核指标不达标，那么追溯问题也较容易。然而，在 VUCA 时代，由于不确定性高，要想获得价值很难一蹴而就。完成了任务并不代表就一定能收获相应的价值。另外，新行业、新角色和需要的新能力层出不穷，人们的合作方式也不断演化，难以获得准确、稳定的考核指标。这也是KPI越来越被诟病的原因。

然而，KPI的缺点并不是它本身的设计有问题。《关键绩效指标》一书的作者戴维·帕门特曾指出，有效实施关键绩效指标要遵循四个基本原则：

（1）组织与员工、工会、关键供应商及关键顾客之间应为合作伙伴关系。

（2）权力应该向基层转移。

（3）仅评价和汇报关键事项。

（4）将绩效评估与战略的四个关键要素联系起来。

这四个基本原则体现了群策群力、向下授权、聚焦优先级高的工作、围绕战略目标的主张。这些主张我们在敏捷方法、精益方法、OKR方法还有其他一些工作方法中都能看到。这种一致性是，因为工作方法虽然在实践层面千差万别，但是本质上都是组织人们高效地合作。而让人们高效合作的基本原理是一致的，那就是给他们足够清晰的目标，通过激发他们工作的主动性，释放他们潜在的才能。

> **贴士**
>
> KPI的四个基本原则可以用来指导KPI的实践。然而现实情况是，大部分组织在使用KPI的时候只遵循其步骤，并不对照四个基本原则，以致将KPI用成了一个传递命令和控制下级的工具。很多所谓经验丰富的KPI制订和实施人员甚至从来不知道有这四个基本原则。这种现象不仅出现在KPI实践中，在敏捷实践、精益实践、OKR实践中也随处可见。
>
> 在Scrum的应用中，与研究其原则和价值观相比，人们更愿意立

> 刻召开 Scrum 会议，在办公室的空地上支起白板。因为方法是明确的、易遵循的，而原则是抽象的，听起来似乎正确，但在实践的时候充满了模糊地带。人的思维总倾向于接受简单、确定的办法，在面对复杂的、不确定的办法时总会本能地抗拒和怀疑。这种思维模式导致了 KPI 和其他方法在实施的过程中变得徒有其表。如果思维模式不发生变化，行为上的改变不可能持久。这也是大部分变革最终失败的原因。

对于敏捷团队而言，不应该将 KPI 视作洪水猛兽。相反，应该利用其优点，正视其缺点，研究并理解其缺点的成因，总结经验和教训，将其为己所用。

5.1.2　KPI 与 OKR 的区别

KPI 与 OKR 在原则上有很多相同之处，在实践层面有类似之处，但也有不同。在两者众多的差异中，格式是最显而易见的差异，然而以下两个不同之处从根本上决定了两者属于完全不同的实践：

（1）KPI 只对下级解释做什么，不解释为什么；而 OKR 对每个级别都首先传递为什么，然后要求他们围绕为什么构建做什么。

（2）KPI 系统虽然在原则上主张授权，但是其由上至下的传递方式，导致授权的主张在实践中形同虚设；而 OKR 系统更容易实现授权。

在戴维·帕门特所著的《关键绩效指标》一书中，写明了 KPI 应该包括以下四个指标：

- 关键成果指标：用于说明为了实现组织愿景，你应该怎么做（How）。
- 绩效指标：用于说明为了实现组织愿景，需要做什么（What）。
- 成果指标：用于评估工作的完成情况（Measurement）。
- 关键绩效指标：用于说明为了显著提升绩效水平，需要完成哪些工作（Performance Indicator）。

这四个指标勾勒出战略决策和执行战略决策的细节，但唯独没有解释制订该决策的组织愿景的细节（Why）。所以即使高层在制订 KPI 的时候，是围绕"为什么（Why）"来制订的，但是 KPI 在向下级传递时，有关"为什么（Why）"的信息是缺失的。越远离顶层，就越倾向于只知道做什么，而不知道为什么。

> **贴士**
>
> 由于"为什么"的缺失，导致在执行 KPI 的过程中，当面对各种复杂的经营状况时，即使一线的员工和基层管理人员觉察到一些指标有不合理之处，也很难甄别是 KPI 指标确实存在问题，还是自己对目标的理解有偏差。在金字塔式的组织结构下，个人如果想核实 KPI 在执行时发生的疑问并推动改变，成本极其高昂，只有极少数优秀的人才能够做到。对于多数人来讲，机械地执行 KPI 是更省力的选择。这其实提高了大多数人发挥潜在才能的门槛，也让授权成为一句空话。

KPI 能够充分发挥作用，依赖以下条件：
- 制订的 KPI 指标是正确且准确的，依照其执行就会达成目标。
- KPI 指标不会随着内外环境发生变化而失效。
- KPI 向下传达的时候，每级人员的理解和执行都不会出现大的偏差。

一旦这三个条件不满足，就有可能导致执行时在错误的道路上越走越远。在一些扁平化的小规模组织内，或者在一些技术成熟、需求稳定、市场变化较慢的行业中，满足这三个条件的环境是大量存在的。KPI 在满足条件的组织中，会使策略传达和绩效考核变得特别高效，能帮助组织取得成功。但是在敏捷方法所适用的行业中，满足这三个条件的环境很难找到。

与 KPI 有效实施所需要的严苛条件相比，OKR 充分展示了其灵活性。本书第 3 章详细介绍了 OKR 基于目标分解的特点，并且提到了好的目标不仅应该指示方向，还应该解释为什么。目标的制订要上升到组织的业务和战略层面。OKR 中的关键结果，是由各职能部门和个人围绕目标制订的。这样，在有"为什么（Why）"做参照的前提下，人们拥有修改关键结果的权力，在需要的时候，能够对行动进行及时调整和优化，激发主观能动性。

5.1.3 KPI 在敏捷团队中的应用

通过对 KPI 的优点和缺点进行分析，不难发现，对于分配和追踪具有确定性的任务来说，KPI 具有客观、有效、易操作等特点。即使在技术层出不穷、需求变化莫测的互联网行业，一个组织的内部也会存在工作内容确定性高、工作流程成熟、所需技能稳定的工作岗位。对于这种岗位，毫无疑问也可以使用 KPI 进行考核。所以敏捷组织在设计绩效考核系统时，可以将 KPI 和 360 度评估法相结合，使用 KPI 记录和追踪定量指标，使用 360 度评估法来评价定性指标，这样的考核系统既兼顾了效率，又兼顾了准确性。

> **贴士**
>
> 我一直主张，即使组织选择了 OKR 作为主要的绩效考核方法，也应该适当地在一些特别成熟的、标准化的岗位，如财务、运维等，合理使用 KPI 进行考核。因为 OKR 在制订、跟踪、考核的过程中所需的沟通成本远远大于 KPI。从考核成本的角度出发，合理地搭配使用 KPI 和 OKR 对组织来说是有利可图的。

KPI 对敏捷团队而言并非洪水猛兽。KPI 在原则与主张上与敏捷团队的特点有很多相似之处。观察 KPI 的原则是如何在实施的时候被忽略的，对敏捷变革有深刻的借鉴意义。另外，敏捷组织内的人才结构、合作形式等都是复杂多变的，使得单一的绩效考核方法很难应对所有情况。事实上，敏捷团队的绩效考核系统往往包含了多种考核方法，各种考核方法各司其职，而 KPI 作为一个高效的量化考核工具，一直都是不错的候选方法。

5.2 平衡计分卡

5.2.1 平衡计分卡的基本概念

由于 KPI 只能评价结果，无法展示导致结果的深层次原因，所以无法帮助现代组织进行准确的改进，并且过度追求指标的完成，也容易导致短视的行为。为了弥补 KPI 的这一缺陷，罗伯特·卡普兰和大卫·诺顿两人提出了平衡计分卡方法。平衡计分卡的目的是，打造一个全面的业绩评价系统，帮助组织更好地挖掘问题，平衡短期行为和长期行为。平衡计分卡将绩效分为财务、客户、内部流程、学习与成长四个维度（见图 5-1）。

其中，财务指标是组织追求的结果，其他三个维度的指标则是取得这种结果的动因。通过围绕组织的战略目标来制订四个维度的绩效指标，平衡计分卡既兼顾了绩效的驱动因素，又使得组织在追求绩效的同时，能兼顾为了未来成长而培养能力和获得无形资产的过程。

财务

序号	目标	度量	指标	行动
1				
2				

为了提升销售额或创造现金流,应该做什么?

客户

序号	目标	度量	指标	行动
1				
2				

为了提升客户满意度和保持率应该做什么?

组织战略

内部流程

序号	目标	度量	指标	行动
1				
2				

如何管理和改善内部的业务流程以取得财务层面的可持续发展?

学习与成长

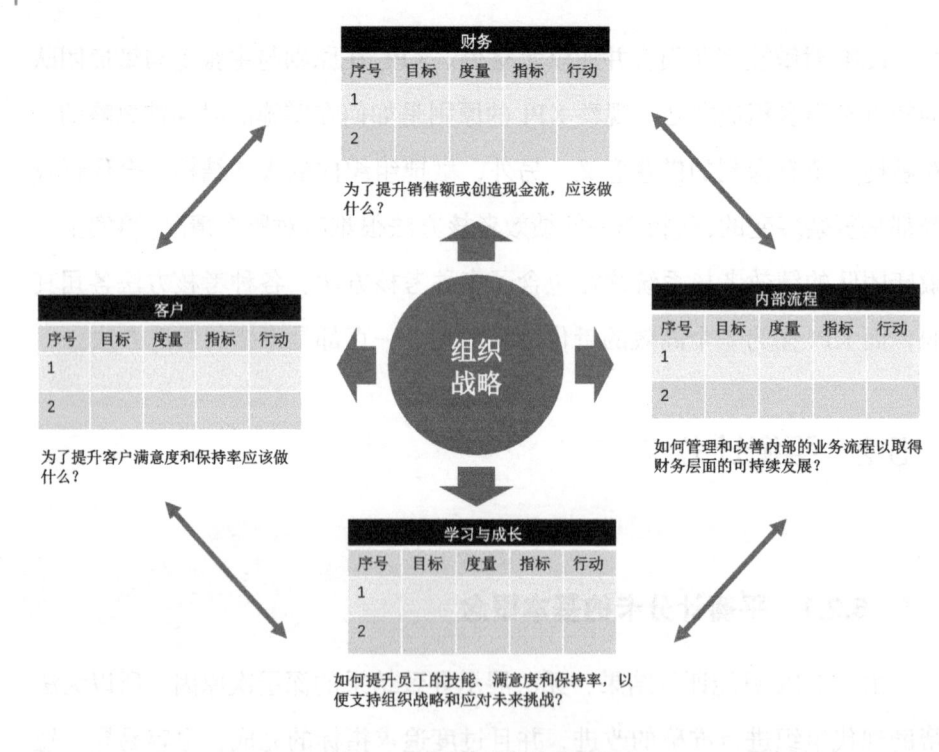

序号	目标	度量	指标	行动
1				
2				

如何提升员工的技能、满意度和保持率,以便支持组织战略和应对未来挑战?

图 5-1　平衡计分卡的四个维度

平衡计分卡的核心在于进行以下"平衡":

(1)**平衡财务指标和非财务指标**。很多组织在绩效考核中主要考核财务指标,而对非财务指标(客户、内部流程、学习与成长)的考核很少。即使考核,也缺乏量化的、系统的、全面的考核,从而导致人们只追求眼前的数字,忽略在内部流程、学习与成长等关乎组织核心竞争力、绩效指标持续发展方面进行投入。

(2)**平衡组织的长期目标和短期目标**。短视往往是由过度强调财务指标引起的。平衡计分卡将其他关乎长期发展的指标纳入绩效考核,并且给予与财务指标同等的权重,能够帮助人们重视与组织发展相关的各个因素。

(3)**平衡结果性指标与动因性指标**。平衡计分卡认为,财务指标属于结果性指标,但是客户、内部流程、学习与成长则属于动因性指标。只有动因性指标做好了，做对了，才能保证结果性指标高质量地达成。

（4）**平衡组织内部群体与外部群体。**在平衡计分卡中，股东和客户为外部群体，团队成员和与内部流程相关的人员为内部群体。平衡计分卡可以在有效执行战略的过程中平衡这些群体间的利益，避免无原则地满足客户，挤压内部群体的诉求，从而给组织在短期繁荣中埋下长期的隐患。

孔子曰："欲速则不达，见小利，则大事不成。"（典出《论语·子路》）在一个组织内，过度关注短期目标，容易让人们忽视组织的长远发展。平衡计分卡的出现，就是为了利用绩效考核这一牵动组织上下的机制，帮助组织从上至下的各个层级都建立统一的立足长远的发展观。

5.2.2　平衡计分卡在敏捷团队中的应用

敏捷方法是通过组织跨职能的团队在日常活动中高效地合作，从而提升效率的。为了让人们的合作更加高效，对人们的激励、授权、培训，以及协助他们沟通是管理敏捷团队的重点。这部分工作与财务指标不直接挂钩，也很难量化其成果。在以财务指标为主导的绩效考核体系下，人们很容易会在敏捷方法的执行上打折扣，而平衡计分卡能够帮助组织解决这一问题。

> **贴士**
>
> 如果组织认可平衡计分卡的主张，并且正确地使用平衡计分卡来制订绩效考核指标，就说明组织确实允许人们在内部流程改进和员工的学习与成长方面投入时间和精力，而不是仅仅口头上说重视。敏捷方法属于流程改进的一部分，在使用平衡计分卡为绩效考核方法的环境里，敏捷方法的实施将会有足够的资源支持。提前分配好资源对敏捷转型的成功至关重要，因为实施敏捷方法所消耗的组织资源要远比

> 想象的多，包括时间资源、人力资源、培训资源、考核资源等。如果没有正确评估敏捷方法所消耗的资源，而仅以为只是换了一个工作方式，那么实施敏捷对基层而言就成了"绩效指标不能少，敏捷转型还要搞"的状态，于是一搞敏捷，加班就成了普遍现象。

平衡计分卡能够保证敏捷团队所需的资源得到恰当的分配，并且使与敏捷相关的活动纳入绩效考核，从而提升了人们的重视程度。但平衡积分卡也是基于指标的量化考核系统，对于定性指标的考核，平衡计分卡并不比 KPI 更好。所以敏捷团队在使用平衡积分卡的时候仍然要结合 360 度评估进行定性指标的考核，从而做到更加全面和更加客观。

5.3 OKR、KPI、平衡计分卡和 360 度评估的配合

所有方法或理论的诞生，都依托其诞生和发展期间的社会背景和历史背景。当背景和环境发生了变化，方法也有可能就不再有效。所以在选择绩效考核方法时，方法本身有多热门，听起来有多美好都是次要的，重要的是要结合行业、工作性质等实际情况进行选择。下面提供了几种常见的考核背景和适用方法：

（1）对于敏捷成熟度高的组织，OKR+360 度评估是比较好的绩效考核组合。OKR 聚焦目标而非任务，能在保证方向的同时，减少对员工的束缚；360 度评估能够很好地考核定性指标，帮助组织选拔人才。

（2）对于处在敏捷转型初期的团队和组织，为了保证敏捷方法能高质量地实施，避免陷入形式化敏捷或阶段性敏捷，平衡计分卡+360 度评估是比较好的绩效考核组合。该组合同样适用于技术类、研发类等较依赖知识型人才的组织。

（3）对于业务稳定、技术成熟度高、人员替换成本较低的行业或岗位，直接采用 KPI 方法是较好的选择。但对于这类组织中的中高层管理人员，或者一些负责流程优化的岗位，KPI+360 度评估是较好的绩效考核组合。

（4）从岗位的角度来讲，对于偏领导层面的角色（包括 Scrum Master），适合使用 OKR+360 度评估的绩效考核组合，因为这类岗位的定性指标权重较大。对于偏执行层面的角色，如果多为知识型人才，可以采用平衡计分卡+360 度评估的绩效考核组合；如果岗位工作属于重复性劳动，则可采用 KPI 法。

在很多大型组织内，以上所列的情形可能同时存在，可以根据组织内部各部门或具体角色的情况选择绩效考核组合。除了根据敏捷转型的阶段、岗位的性质、人员替换成本等因素来选择绩效考核方法，考核成本也是许多组织的一个重要考虑因素。第 7 章"如何选择合适的考核方法"中会从更多的维度分析如何选择绩效考核方法和如何设计绩效考核系统。

第6章

敏捷组织中的中层管理人员考核

Performance
Management
For Agile Teams

敏捷组织中的绩效考核，除了团队考核和个人考核，还有一个特别值得注意的领域，那就是组织中的中层管理人员的考核。中层管理人员是指在组织的管理层级中，拥有自己的下属（员工或低一级的管理者），同时又向更高一级的管理者汇报，并通过贯彻、传达、制订计划，以及实施、调动、指导、控制下属员工来完成整个组织目标的人员。中层管理人员既担当着绩效考核的执行者的角色，即根据绩效考核指标组织人们进行日常生产活动并评估人们的表现，同时他们本人又是被考核者。他们有属于自己的绩效考核指标，要被上级和组织观察及考核。中层管理人员的岗位性质和能力要求与其他岗位相比具有特殊性，所以其绩效指标和考核方式也具有鲜明的特点。

6.1 中层管理人员的考核指标

结合中层管理人员的职责，组织中的中层管理人员绩效指标包含三个类别：

（1）**业务绩效**，即业务指标的完成情况，包括中层管理人员所管理的部门或带领的团队的业绩指标、财务指标、客户满意度指标等。

（2）**合作绩效**，即管理人员与其他部门横向合作的情况，包括管理人员与上下游单位或其他部门的合作质量、在促进组织整体目标完成上的贡献等。

（3）**管理绩效**，即管理人员在日常团队管理方面的情况，包括团队的运维和管理、成员的培养和激励、团队工作绩效的改善等。

从平衡计分卡的角度来看，在中层管理人员的这三个类别的绩效指标中，业务绩效指标分布在平衡计分卡的"客户"和"财务"两个维度，属于结果性指标，在考核时以定量指标为主。合作绩效和管理绩效指标则分布在"过程"和"学习成长"两个维度，属于动因性指标，在考核时以定性指标为主。

由于定性指标不容易考核，定量指标容易考核，而且从理论上来说定性指标好，定量指标也应该有所提升，这导致在设计中层管理人员绩效考核方案时，业务绩效的权重很容易偏大。在有些组织内甚至达到唯结果论的极端地步。虽然增长是组织的核心目标，然而如果在考核中层管理人员时，财务指标的权重过大，就会导致为了短期目标牺牲长期目标，为了业绩目标而牺牲流程和学习与成长目标。在短暂的爆发式增长后，组织会被一些后来暴露的问题拖进泥淖，在很长一段时间内增长乏力，甚至导致最后消亡。

> **示例**
>
> 在担任某组织敏捷教练的过程中，有一位员工跟我聊到一个问题。他所在的公司在引入敏捷方法后，团队和相关方需要对新的工作方法进行调整和适应，这让原本就非常忙的工作变得更加忙碌。该员工作为团队的 Scrum Master，去找团队的管理人员讨论，希望取得管理人员的支持，以减少部分工作，好让团队有时间按照 Scrum 的要求来调整工作流程和需求管理，但是管理人员的答复是：不管团队怎么做敏捷，业务指标不能降低。最后的结果就是，团队只能在敏捷上做做表面文章。

在敏捷转型过程中，上述情况并不少见。如果中层管理人员的绩效主要取决于财务指标，那么在短期牺牲一部分指标，换取在长期更大的发展的行为就很难获得支持。

在平衡计分卡中，提到了四个关键的平衡：平衡财务指标和非财务指标；平衡组织的长期目标和短期目标；平衡结果性指标与动因性指标；平衡组织内部群体与外部群体。在组织中，维持这四个平衡的主要力量就是中层管理人员。所以设计针对中层管理人员的绩效考核时，应该以引导平衡的管理方式为目的，通过设定合理的考核指标以激励管理人员提升平衡的能力，让中层管理人员更好地助力组织的可持续发展。

6.2 敏捷组织需要什么样的管理人员

无论是敏捷组织，还是非敏捷组织，对其中层管理人员的绩效考核都包含业务绩效、管理绩效和合作绩效这三类指标，它们囊括了业务指标、财务指标、团队运维、团队培养、人员激励、合作等各个方面。不同之处在于，为了更好地配合敏捷方法的实施，对于中层管理人员的行为方式和能力有独特的要求，也就是所谓的"敏捷领导力"。传统管理人员与敏捷管理人员管理方式的区别如表 6-1 所示。

表 6-1 传统管理人员与敏捷管理人员管理方式的区别

比较项	传统管理人员	敏捷管理人员
完成目标	• 理解目标并将目标分解为量化指标 • 制订计划并组织团队完成计划	• 帮助团队理解目标，与团队群策群力制订绩效指标和工作计划 • 用目标引导团队，授权团队按需调整计划
提升团队能力	• 主要手段是培训、指导和教导 • 来自已有的知识和经验	• 主要手段是引导和教练 • 接受并鼓励员工有不同的意见，并跳出舒适圈进行尝试 • 鼓励员工和团队试错，从错误中学习，并且与团队一同承担试错的风险和成本 • 通过自律和坚持，不断地提升自我能力，将自己打造成持续改进的榜样

117

续表

比较项	传统管理人员	敏捷管理人员
员工激励手段	• 多采用外部激励手段（奖金、奖品、晋升机会和其他福利）	• 在使用外部激励手段的同时，加大采用激发内在驱动力手段的力度 • 营造激发员工内在驱动力的环境，帮助员工满足诸如有挑战性的工作、成就感、个人发展、认可度、承担更多责任等内在需求
给员工反馈	• 站在管理者的角度评价员工 • 听取员工意见，但只有少数意见真正被采纳并产生结果 • 定性指标靠管理人员的主观判断	• 借助360度评估、NPS等手段全面了解员工，在与员工探讨改进方向时使用360度评估结果，而非从主观出发 • 更多地听取员工看法，尊重员工意见 • 与员工发展合作伙伴关系，重视员工的反馈，不断根据各方反馈，对内部运营、绩效考核等进行持续改进
流程	• 学习最佳实践 • 遵循最佳实践的规律	• 拥抱变化，调整流程和实践，以便更好地应对变化 • 引导团队群策群力以持续对流程进行改善

通过表 6-1 我们可以了解，虽然同样都是在做完成目标、运营团队这两件事情，但是传统管理人员和敏捷管理人员的具体工作在日常管理时有很大区别。传统管理人员更像一个什么事情都管的大家长，敏捷管理人员则更像一个引导者和协调者。在对待员工的方法上，敏捷方法要求中层管理人员更加正向，多采用激励、尊重、引导和教练的方式。

> **贴士**
>
> 对敏捷团队的管理人员而言，团队的业务指标的完成情况很重要。但是业务指标不是一个人就能完成的，需要所有团队成员间良好的配合。在敏捷团队中，管理人员提升绩效的方式是，集中解决团队协作中的问题，释放团队的潜能，从而提升团队的产出。这与传统团队的

管理人员不同。传统团队的管理人员可能本身就是经验丰富的专家，对团队遇到的问题可以直接给出指导方案，甚至在必要的时候亲自下场工作。这种做法往往导致团队成员过于依赖由管理人员做决定，时间久了，团队成员就变得缺乏主动思考能力和应变能力，而且也缺乏承担更多责任的欲望。在许多团队里，管理人员的能力和认知就是团队绩效的天花板。

敏捷方法之所以对组织中的中层管理人员的管理方式提出了新的要求，其背后的原因与敏捷方法诞生的背景是一致的，那就是在VUCA时代，经验主义日趋没落，取而代之的生存法宝是群策群力、不断试错、持续改进。中层管理人员除了自身要实践这些生存法宝，还要有能力辅导下级进行实践，并且在整个组织层级的实践中起到催化剂作用。

自从1913年12月1日福特公司的第一条汽车生产流水线问世以来，人们对精细化分工、流程化管理的研究热情与日俱增，这种热情在1990年《改变世界的机器》一书提出精益生产方法后达到了顶峰。这些经年累月的研究，对项目管理思想产生了深远的影响。人们认为，管理人员的使命就是按照流程和岗位职责来要求和管理人们，让一切看起来井井有条。人们相信流程化、标准化、精细化分工，以及岗位技能熟练的人才一定会带来项目的成功，但是人们忽略了这些认识合理性的一个前提，即需求在提出后的一段时间内（至少半年）不会产生剧烈的变化。

信息时代的到来打破了这一前提。互联网使优秀的技术传递得越来越快，缩短了生产力和生产工具的迭代时间，专家经验的保质期越来越短，"终身学习"从一种令人敬佩的品质变成了谋生的基本需要。互联网的普及使终端用户的信息变得更透明、更容易获取，同时也带来了组织之间更加激烈的竞争。不再存在一个安稳的环境，让我们能从容地制订计划，制订流程，讨论每个岗位的职责，研究其量化指标，甚至后来再去做研究和优化。为了应对日趋复杂的内外部环境，组织只能通过提升个体的协作能力、激发他们的积极性、授予他们更多的权利，从而使由这些积极的个体组成的团队具备更强的机动性和容错性。擅长单打独斗的技术明星已经成了昨日传奇，取而代之的是一个个灵敏而机动的团队。而擅长带领团队、激励员工、持续驱动团队绩效提升的管理人员，成了这个时代炙手可热的人才。

> **贴士**
>
> 《道德经》第十七章有云：太上，不知有之；其次，亲而誉之；其次，畏之；其次，侮之。信不足焉，有不信焉。悠兮，其贵言。功成事遂，百姓皆谓"我自然"。
>
> 这段话的大意是：最好的君王，百姓知道他的存在，而在自己的生活中感受不到他的干扰；次等的君王被百姓感恩并赞美；再次的君王，百姓畏惧他的权威；最差的君王，百姓忍不住要辱骂他。如果君王承诺的事情实现不了，就不会有人再信任他。所以君王要珍惜自己说过的每句话，说到做到。在最好的君王统治下，当百姓取得了成就，他们会认为是自己做到的，而不是君王领导的。
>
> 老子所说的"太上"，就是能够释放个人的主动性、提升人们工作能力的领导者。这恰恰与敏捷方法对中层管理人员的期待一致。过度地依赖流程、过于明确的岗位职责分工和强行量化定性指标的绩效考核，会导致管理的压制力无处不在，限制了人们发挥自己的潜能。而敏捷方法需要中层管理人员弱化管理和控制，通过授权、引导、激励等方式充分发挥个体的能动性，让团队将更多的时间和精力聚焦在工作和思考上，而不要用在应对管理者和管理流程上。

总的来说，敏捷组织所需要的中层管理人员，是能够为团队提供清晰目标，而非清晰任务的人；是擅长利用人们的内在驱动力，而非外部刺激的人；是擅长使用引导技术和教练技术来帮助人们成长，而非直接解决问题的人。这是敏捷领导力的核心。

然而，敏捷方法并不是一味地要求管理人员越敏捷越好。事实上，管理人员应该采取何种管理方式来将团队效能最大化，还要根据敏捷团队的成熟度进行灵活变化。在这方面有一个著名的可以指导管理人员实践的框架，即情景领导模型（见图6-1）。情景领导模型是由美国行为学家保罗·赫塞博士（Paul Hersey）提出的，他认为，人们在领导和管理团队时不能用一成不变的方法，而要随着情况和环境的改变及员工的不同，改变领导和管理的方式。

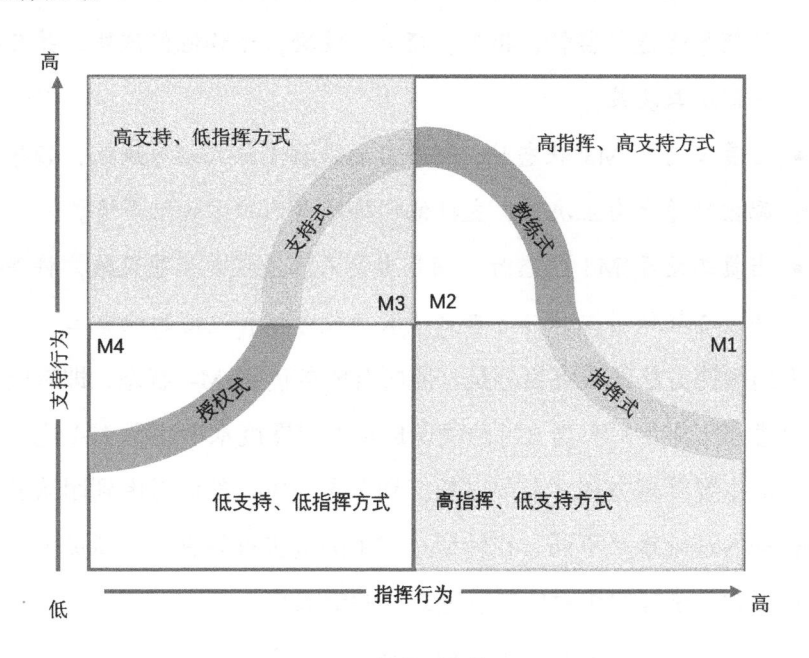

图6-1 情景领导模型

成熟度水平是指，个体能够并愿意完成某项具体任务的程度的不同组合。情景领导理论认为，领导者若要实施有效的管理，就必须善于区分和把握被领导者当下的状态。保罗·赫塞博士经过大量研究发现，按能力和意愿的高低程度，一个人常常表现出四种不同的成熟度水平：

- 成熟度水平1（M1）：低工作能力，低工作意愿。
- 成熟度水平2（M2）：低工作能力，高工作意愿。
- 成熟度水平3（M3）：高工作能力，低工作意愿。
- 成熟度水平4（M4）：高工作能力，高工作意愿。

面对员工的四种不同状态，领导者应采取四种不同的领导风格（见图6-1）：

- 当员工处于M1状态时，领导者要采取指挥式领导风格，领导者给予被领导者以明确的指令并近距离监督。
- 当员工处于M2状态时，领导者要采取教练式领导风格，领导者对被领导者进行监督、指导、倾听、鼓励，允许他们试错，并且鼓励他们参与决策。
- 当员工处于M3状态时，领导者要采取支持式领导风格，领导者鼓励被领导者自主决策，支持他们按照自己的方式做事情。
- 当员工处于M4状态时，领导者要采取授权式领导风格，将任务彻底地委托给员工，领导者只须做绩效考核和适度的检查工作。

实施敏捷方法的最终目标是，使所有成员达到M4状态，即有能力工作并有意愿工作。只有当大部分团队成员的成熟度水平达到M4之后，管理人员的主要管理方式才需要以教练和引导为主。然而考虑到团队成员在转型初期的基础水平不同、在转型过程中的进步有先有后、新员工的加入等常见因素，敏捷组织对中层管理人员的要求是：

- 在技能上应该具备全部的四种情景领导力。
- 在实践过程中能够根据现实情况在不同的领导风格之间灵活切换。
- 持续驱动员工，提高其成熟度水平。

6.3 中层管理人员的考核方法

在对敏捷组织的中层管理人员进行绩效考核时，要根据前文提到的敏捷组织所需的管理人员能力来设置绩效指标，以发挥绩效考核的引导作用，实现以下目的：

- 引导和激励管理人员发展敏捷领导力。
- 提供关于组织内部中层管理人员群体敏捷成熟度的参考。
- 为选拔适合敏捷组织的管理人员提供准确的参考。

中层管理人员的绩效同样包括定量指标和定性指标两种。然而作为敏捷管理人员，其与敏捷领导力相关的定性指标的权重应该等于或大于财务指标或客户指标。因为正如本书第 5 章中所说的，中层管理人员对平衡有着举足轻重的作用。财务指标和客户指标如果在绩效考核中的权重过高，会导致中层管理人员追逐短期目标，减少在流程改进和学习与成长方面的投入，削弱组织可持续发展的动力。另外，由于与敏捷领导力相关的绩效指标多属于定性指标，在考核时要充分考虑定性指标可感知、难量化的特点，使用能够准确描述指标的考核方法，如 360 度评估法等。

360 度评估法是比较有效的一种考核定性指标的方法。搭配其他考核方法，如 KPI、OKR 或平衡计分卡等，可以构成一个有效的考核敏捷中层管理人员的系统。其中，平衡计分卡+360 度评估法的组合在引导管理人员帮助组织平衡短期利益和长期利益，以及平衡绩效结果和动因上有特殊优势。

对于管理人员绩效考核指标中的定量指标，尤其是与财务和客户相关的指标非常容易设定。但在考核管理人员定性指标时，为了能更清晰、更准确地描绘管理人员在敏捷方法实践、敏捷领导力等方面的情况，需要有技巧地设计 360 度调查问卷的问题。

下面是谷歌对其中层管理人员的360度评估问卷[①]：
- 我的经理在给予我反馈的同时，也提供了可操作的方法来帮助我改善。
- 我的经理不会事无巨细地干预我的工作。
- 我的经理把我当人看待，而不是资源或工具。
- 我的经理能明确地向团队和个人传达目标，并且帮助团队的所有成员深入理解和统一认识，把对目标的误解和分歧消除在早期。
- 我的经理帮助团队专注于优先级高的结果/交付物。
- 我的经理频繁地、及时地向他的经理和其他项目相关方提供有价值的反馈。
- 我的经理每隔半年都会与我讨论职业发展计划。
- 我会向其他员工推荐我的经理，并且鼓励他们加入我们的团队。

该问卷是发放给接受360度评估中的"员工"角色填写的。它有几个特征：第一，问题紧密围绕员工与管理人员的互动活动；第二，问题的题干着重描述工作场景，考核指标包含在工作场景中；第三，问题与敏捷领导力和敏捷方法紧密相关。前两个特征保证员工能够给予准确的反馈，第三个特征体现了对管理人员考核的重点。

> **示例**
>
> 以第二个问题为例，该问题考核的是管理人员对员工的授权程度。然而，与直接提问"管理人员是否给我足够的授权"相比，员工面对"我的经理不会事无巨细地干预我的工作"这样的问题能给出更准确的打分。同样，如果希望考察管理人员是否倾听员工，使用"你在与管理人员交谈时是否经常被打断""管理人员在听完我的叙述后还会问多

[①] 资料来源：*Work Rules: Insights from Inside Google That Will Transform How You Live and Lead*, Laszlo Bock.

> 个问题进一步探寻"比使用"管理人员在交谈过程中倾听我的意见"能获得要更加准确的反馈。

Trypi.com 网站在 2018 年做过一次调查，从来自 22 个不同行业的 5 103 份调查结果中总结出：在下级眼中，一个有效率的管理者应该具有的 20 个特质。这些特质可以作为设计 360 度评估问卷时的参考。

- 有很强的职业道德感和荣誉感。
- 诚实守信。
- 有一定的幽默感。
- 自信。
- 有积极的态度。
- 能做出正确的决策。
- 当员工有好的行为时能及时认可。
- 对工作有激情。
- 在管理方面非常专业。
- 对业务方向有敏锐的直觉。
- 和蔼可亲。
- 在压力面前保持镇定，面不改色。
- 能够很好地倾听。
- 对员工有足够的关心。
- 他的员工有权力做出决定和选择。
- 他本人是一个全面发展的人。
- 聪明。
- 沉着。
- 灵活，适应性强。

组织在设计 360 度评估问卷时可以从这些角度出发，联系管理人员所属角色的日常行为，将考核指标融入场景，设计出有效的评估问卷。

在使用 360 度评估来考核管理人员的定性指标时，还需要注意以下几点：

（1）保证评估的匿名性。这样才能让人们摒弃顾虑，提供真实的反馈。

（2）给予员工足够的适应时间。不要期待员工首次使用 360 度评估就能给出准确的反馈。因为员工需要多次尝试来更好地理解问题，从而给出合适的分数。而且 360 度评估问题的设置也有技巧，需要设计者不断摸索和改进。通常，如果从一季度开始实施 360 度评估，那么经历二季度和三季度的适应和改进后，在年终时，调查问卷的质量和反馈的准确度会大幅提升。

（3）管理人员定期公布自己的 360 度评估反馈结果，并据此制订改善计划。这样做有助于提升人们对 360 度评估的信心，在下次填写问卷时也会更加认真。

对敏捷组织中的中层管理人员进行绩效考核的目的是，通过考核来提升管理人员打造高绩效团队的能力，从而在组织内部获得更多高绩团队，而不是考核管理人员本人是否强大。强大而面面俱到的管理人员，在确定性高的环境中是组织的财富，在充满不确定性的环境中这样的人并不存在，即使存在也是假象。在充满不确定性的环境中，需要依靠合作和试错才能更快地抵达成功的彼岸。组织需要能够授权员工、激励员工、组织员工合作、释放团队生产力的管理人员。绩效考核要能帮助组织培养和选拔出这样的管理人员，并且激励更多人成为这样的管理人员。

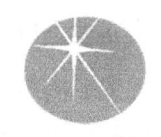

第 7 章

如何选择合适的考核方法

Performance
Management
For Agile Teams

市面上现有的绩效考核方法有很多种，总体上分为三类：第一类是以 KPI 为代表的量化考核派，这一派以结果为导向，看重指标的定义和量化；第二类是以平衡计分卡为代表的资源分配派，这一派的目标是可持续发展，看重平衡结果和动因。第三类是以 OKR 为代表的聚焦派，这一派以目标为导向，讲究灵活应变。组织可以根据各种方法的特点，结合自身的需要进行选择。但很多组织发现，自己选择的绩效考核方法并没其宣传得那么有效。这种现象背后最常见的原因有两个：第一个是组织自身在实施过程中对细节的处理不到位，没有发挥出该方法应有的作用；第二个是组织选择的绩效考核方法不适合自己的需要。

组织到底需要什么样的绩效考核，是一个非常复杂的问题，它至少需要考虑以下几个方面：

- 符合行业特点和工作特点。
- 性价比合适。
- 符合组织文化和组织的价值观。
- 符合组织的发展变革方向。

7.1 符合行业和工作特点

《蓝海战略》（W.钱·金和勒妮·莫薄博涅著）一书中将市场分为红海市场和蓝海市场。二者分别对应成熟市场和新型市场。属于红海市场的行业，诞生时间久，已经度过了高速发展的时期。其商业模式成熟，产业的界限和竞争规则为人们所熟知，向上发展空间有限，成本和利润也较为透明，如历史悠久的服装业、制造业、餐饮业等。在这类行业中，由于增长空间有限，所以组织将进入激烈的存量竞争，成本控制对组织来讲非常重要。属于蓝海市场的行业，是新兴的行业，意味着有未"开拓"的市场空间、未创造的需求及利润高速增长的机会。在蓝海行业中，需求的方向模糊，但空间广阔。产品或商业模式需要摸索，拓荒者常常纠结于自己理解的客户需求到底是真需求还是伪需求。已有的商业模式也有很大的改进空间。迅速找到真正的需求并交付可用的产品是组织存活的关键，眼前的成本反而是次要的。典型的蓝海行业有物联网、区块链、知识付费等。表7-1从一些具体的方面展示了红海行业和蓝海行业的区别。

表7-1　红海行业和蓝海行业的区别

比较项	红海行业	蓝海行业
商业模式	成熟、稳定	有很大的扩展空间和改进空间
用户需求	稳定、具体、详细	模糊、不确定、可能被创造
技术成熟度	技术成熟度高，技术创新难度大	技术快速迭代和演进，技术创新层出不穷
工作模式	流程成熟，分工明确，有大量的成功经验和最佳实践	团队合作、群策群力、取长补短、不断试错
创新方向	降低成本、提升效率（流程优化、自动化）	探索新需求、创造新需求
创新难度	创新空间小、难度高	创新空间大、难度高
人才需求	岗位技能熟练、执行能力强的专业人才	沟通和团队合作能力强、思维开阔、主动学习的T形人才[1]
人才培养成本	培训门槛低，培训系统化、流程化，人员培训周期短、成本低	培训的技能更新换代快，人才培养周期长、成本高
绩效指标可量化程度	高	低
定性指标在绩效考核中的权重	低	高

*T上面的一条横杠，代表知识的宽度，下面的一竖代表知识的深度。T形人才是指拥有广博的知识面，同时又在一两个专业领域有精深知识的人。

以KPI为代表的自上而下的、注重量化指标的考核方式，在保证人们完成上级交代的任务，促使人们持续提升效率方面卓有成效。然而任务量是否等于最终价值？对于红海行业，答案是确定的，因为红海行业的目标比较清晰且变化缓慢，所以只要初始目标选择得对，人们埋头工作就可以了。而蓝海行业的答案则是否定的。如果方向不对的话，做得越多反而错得越多。在蓝海行业中什么方向是正确的存在着不确定性。如果将绩效考核比作一根指挥棒，那么在红海行业中它要指挥人们产出更多的工作，在蓝海行业中它要促使人们更多地合作、尝试和探索。

从表 7-1 可以看出，由于红海行业和蓝海行业的商业模式、用户需求、技术成熟度等方面存在差异，二者对人才的需求等也产生了差异。所以，在为不同的行业制订绩效考核方案时，要充分了解其特点，有针对性地选择方法、指标和权重。

7.1.1　红海行业的绩效考核方法

红海行业由于历史悠久，流程和分工模式等变化较为平缓，很多岗位和技能都已经实现标准化，甚至发展出通用的行业标准和技能评级。这使流程的效率和岗位的效率容易量化。在红海行业的组织中，常见的绩效考核指标如表 7-2 所示，根据角色、职责和一些日常工作的具体场景进行设置，一方面对员工的日常工作给出了非常具体的指导，另一方面设定了量化的要求。

工作内容相对固定、绩效指标相对稳定和易量化，这些都是红海行业的岗位特点。在红海行业中，成熟的流程可以指导、辅助人们协作，降低了对人员协作能力的要求，使得在这类行业一线员工的绩效考核指标中定性指标所占的权重较低。精细化分工和标准化技能降低了一线人员培训的成本，缩短了人员培训的时间，使得人员的替换成本也变低，从而对授权、激发员工内在驱动力等复杂管理方式的需求减少。

表7-2 红海行业的组织绩效考核指标（部分）

B. 个人业绩考核表

类别	考核	考核项目	考核内容	完成情况	权重	自评	初评	复评	备注
职责计划（100分）	固定考核内容	月拜访代理商	目标：__家	实际完成__家 完成率__%	10%				用人部门根据员工工作职责或月度计划完成情况列出重要事项，设置考核权重，根据完成情况给予评分
		月开发代理商	目标：__家	实际完成__家 完成率__%	30%				
		开发特约商户	目标：__家	实际完成__家 完成率__%	20%				
		代理商POS机部署	目标：__家	实际完成__家 完成率__%	15%				
		开发特惠商户	目标：__家	实际完成__家 完成率__%	15%				
		代理商维护工作	目标：__家电话回访；目标：__家上门回访	实际完成__家电话回访，完成率__%；实际完成__家上门回访，完成率__%	5%				
		特惠商户维护工作	目标：__家电话回访；目标：__家上门回访	实际完成__家电话回访，完成率__%；实际完成__家上门回访，完成率__%	5%				

在红海行业中，财务、绩效等评估方式经过常年的总结和改进，已经形成了成熟的模式并积累了大量的最佳实践经验。借鉴最佳实践的经验，在指标的选择和分解上，采取从上至下的分配方式会带来更高的效率。而OKR主张的目标制订过程对于红海行业的组织来讲，复杂度增加，耗时更长，但收益并不会有显著提升。所以在红海行业中采用以KPI为核心的考核方式能够充分发挥其长处，准确全面地反映绩效情况，并且考核的过程也简单、高效。

7.1.2 蓝海行业的绩效考核方法

与红海行业相比，蓝海行业的岗位具有以下特点：

（1）行业本身处于探索阶段或前期高速发展阶段，新的岗位和职责不断涌现出来，给考核带来了挑战。

（2）行业模式和工作模式不断变化，绩效指标也会因此受影响，不断发生变化。

（3）需求的模糊性和市场的未知性，要求从业人员除了掌握岗位技能，还要具备更强大的学习能力。

（4）固定的流程成为限制合作和进步的枷锁。为了应对频繁变化的内外部环境，人们的合作方式变得更加复杂多样，且根据需要不断演化。组织的成功更多依赖人们的横向合作，并对合作的深度、质量和效率提出了更高的要求。

这些特点决定了蓝海行业的组织在制订绩效考核方案、选择绩效考核方法时，需要从满足以下几个需求出发。

1. 考核频率高，考核指标具备灵活性

以互联网广告行业为例，在2000年左右，早期的客户以贸易型客户为主。考核广告投放效率的主要指标是浏览量和点击量。于是广告公司的主要业务路线有两条：一条是与大流量门户网站、搜索引擎搞合作和代理；另一条是整合无数小流量网站，打造广告联盟。随着客户群体的发展和变化，客户对转化率、单客价等指标的需求增大，于是精准定位受众、发展垂直领域的流量提供商便成了广告商的工作重点。在2010年左右，网游厂商在广告客户中的占比越来越高，互联网广告的考核指标又增加了次日留存、7日留存、30日留存、付费率等指标，并且这些指标仍然在继续增加和调整中。随着智能手机的普及，内容的传播形式更加多样化，微信、微

博等新媒体扩展了广告的分发形式。自媒体崛起后，网红个人也可以成为广告公司的合作对象，且合作的形式远远超出了简单的内容分发。

纵观互联网广告行业在过去二十年的发展历程，不难发现，对于广告投放公司而言，平均每隔 3~5 年，广告客户的需求和流量合作方就会发生一次巨大的变化，而每两次巨大变化中间，一些小的变化不断在发生。这使得广告公司需要不断地调整工作内容和优先级。从需求的变化到员工工作重心的变化，中间起到桥梁作用的就是绩效考核指标。绩效考核指标要及时地根据业务的调整而调整，这样才能起到尽快将业务变化传导到组织内部，促使人们更快地重视变化并应对的作用。

所以对于处在蓝海行业的组织，无论在考核中具体使用了何种考核方法，都要定期地对考核指标进行审核，观察其与业务重点的匹配度。审核的频率要与行业变化的频率相匹配。在 OKR 体系中，OKR 是以月度为单位进行评审的。OKR 要求关键结果根据实际情况进行变化，而非以完成具体的任务为目标，这就为蓝海行业提供了灵活性。而以 KPI 为代表的由上至下层层分解任务并考核任务完成情况的做法，不利于变化的调整。平衡计分卡在指标灵活性方面也不具备明显的优势。

另外，对于工作态度、沟通能力、协作能力这些定性指标而言，通过每年一到两次的考核就下结论显然是不准确的。提高考核频率将有助于获得更真实和详细的情况，从而提高结论的准确性。

2. 给群策群力创造空间

在不确定性和复杂性面前，经验和最佳实践都是靠不住的。在蓝海行业中，方向是摸索出来的。蓝海行业的绩效考核也是如此。什么样的目标是对的？如何有效确认目标达成？这些问题在红海行业都有清晰的答案，但在蓝海行业恰恰相反。因此，在确定绩效目标和绩效指标的过程中要充分发挥群众的力量，只有群策群力，才能少走弯路。虽然群策群力是很多组织的口号，但是真正能调动起人们积极性的组织并不多。人们愿意积极地贡献意见和想法，并负责任地尝试和执行，需要满足以下前提条件：

- 有大量的机会发言，并且发言的过程被尊重。
- 即使发表错误意见也不会受到质疑或打击。
- 自己的意见能时不时地产生一些影响，而非石沉大海，或直接被忽略。

当满足这些条件时，人们在参与讨论时才会活跃起来，并且讨论的质量也会提高。否则即使管理人员进行一对一的提问，人们也只是应付了事。虽然这些条件的创造是组织文化、管理方式等多方面合力的结果，但是从绩效考核的方法角度来说，如果采用由上至下进行任务分解和任务考核的方式，那么人们对绩效考核指标表达意见，以及意见被采纳的机会都大大减少。所以在这种自上而下的考核机制下，通过群策群力来改进目标和指标的前提不存在。

而在OKR方法中，目标和关键结果在制订时就采取了群体参与的方式。人们有机会在团队目标中加入自己的目标，并在执行过程中被授权可以修改关键结果。这为人们提供了想法被采纳，以及实践自己的想法并由此产生影响的机会。这也是为什么硅谷的蓝海行业巨头们推崇OKR的原因。

3. 能够准确考核定性指标

标准的流程和精细化分工在红海行业能够带来可靠性，在蓝海行业却成为发展的绊脚石。在迷茫的蓝海上航行时，团队内部的高质量协作、团队之间的高质量协作是组织能够穿越迷雾的基本保障。在蓝海行业中，人们不能仅满足于按部就班地完成眼前的工作，而要随时准备横向合作，经常性地在个人能力范围之内，为职责范围之外的工作贡献智慧和精力。然而如果绩效考核只考核结果，并且奖励与结果直接相关的人，那么人们就不愿意为其他人的成果做出间接贡献，这些贡献包括主动关注其他人的工作并提出意见；在他人遇到困难的时候发现并提供援助；与他人共享信息；

激励和鼓舞他人等。

KPI、OKR 和平衡计分卡都是以结果为导向的绩效考核系统，它们没有提供方法来视觉化人与人之间的间接贡献，也就无法制订出客观公平的奖励标准。如果人们在某个方向的努力不被认可，无疑就会降低人们在这方面的投入。而基于反馈的 360 度评估系统则填补了这一领域的空白。

总的来说，在红海行业的组织内，可以采取单一的绩效考核方式，例如，单独使用 KPI 或平衡计分卡。然而在蓝海行业的组织内，既要考核结果，又要考核协作，二者权重不分上下。而且还要考核管理人员的敏捷领导力水平，这也属于定性指标范畴。所以蓝海行业的绩效考核方案，一定是多种绩效考核方法相结合的组合方案。

7.1.3　岗位也有红海蓝海之分

当组织选择绩效考核方式时，除了要考虑自身所处行业的特点，还应考虑组织内部不同岗位的特点。因为，在宏观上，一个组织可能处于红海行业或者蓝海行业；在微观上，一个组织内部可能同时存在红海和蓝海的岗位与部门。

> **示例**
>
> 有一个身处蓝海行业的组织，它的财务、统计部门具备工作标准化、专业化、流程化的特点。该部门的员工工作目标确定，工作内容固定，工作重复度高，成果容易量化。这就很符合红海行业的特征。在同一组织内，它的业务拓展部门可能有清晰的增长目标，但工作方式、工作重点则需要随行业的发展周期、技术更新及竞争对手等的变化而频繁变化，员工要做许多探索性的工作，这部分工作无法提前计划和估算。员工的互相协作、信息共享和积极主动的工作态度等定性

> 指标对于部门能够早日取得成果来说非常重要。这样的部门就是典型的蓝海部门。
>
> 　另一方面，在一个红海组织内部，大部分工作都已形成流程化和标准化，属于红海岗位。但在内部也存在负责优化、创新等工作的部门，这类部门的活动具有鲜明的蓝海特征。

当组织规模增长到一定程度后，一定会同时存在红海岗位和蓝海岗位。组织应该针对岗位的特点选择合理的绩效考核方式。例如，在财务岗位或统计岗位推行 KPI 量化考核，这类考核指标清晰明确，看起来很像任务列表。而在业务拓展部门、创新部门等则推行与 OKR 相似的目标跟踪系统，辅以其他定性指标考核工具，尽量避免在组织内部推行统一（无视岗位的差异）的绩效考核方式。如果绩效考核体系偏向红海行业的考核模式，则会严重制约蓝海岗位的工作；如果绩效考核体系偏向蓝海行业的考核模式，则会在考核红海岗位时变得低效且浪费。虽然运行两套考核系统会带来一定的麻烦，但是从收益的角度看，还是值得的。

> 💡 **贴士**
>
> 　不但在组织内部存在红海岗位和蓝海岗位，而且在小的部门内部，也同时存在蓝海工作和红海工作。以软件开发行业为例，在一个小部门内可能既有开发新项目的团队，又有维护现有成熟项目的团队。前者面对的不确定性远远高于后者。后者的工作可量化程度远远高于前者。对于软件需求分析岗位，员工面临的不确定性非常高，并要求员工具备强大的合作能力、沟通能力等软技能。而对于运维岗位，当项目进入稳定期后，其工作内容就相对固定，重复性较高。在一个小部门，或者一个小团队内部，针对不同的工作性质制订不同的考核方案

> 显得没有必要，但是部门内部的管理人员仍然可以参考岗位所具备的特点，在管理员工的工作时采取差异化措施，以提高管理效率。

有一种观点认为敏捷理论更加适用于蓝海行业（岗位），同时，OKR、360 度评估等方法是敏捷团队的首选。但事实上，敏捷理论在红海行业也有广泛的应用。敏捷理论包括方法、原则、价值观三个层面。常见于蓝海行业（岗位）的实践方法包括 Scrum、LeSS、SAFe 等，这些方法的特点是用小规模的、频繁的交付来获取反馈，从而验证产品路线的正确性。这些方法能满足蓝海行业需要探索的要求。常见于红海行业（岗位）的方法包括精益生产等，这些方法注重优化流程，提升流程的效率，能满足红海行业流程化、标准化的要求。在原则上，它们都符合快速交付价值、减少浪费、持续改进等敏捷原则，都属于敏捷实践。在判断一个团队是不是适用敏捷方法时，不应以其在红海行业还是蓝海行业为依据。同样，在提到敏捷团队的绩效考核时，也不应该想当然地就选择 OKR 之类的方法。

组织在选择绩效考核方法时，既要从宏观上考虑自己所处的行业类型，也要从微观上考虑部门的实际情况。只有对行业和具体岗位的特点有深刻的了解，才能在选择和实践绩效考核方法的时候，避免生搬硬套，最大限度地发挥绩效考核方法的作用，减少资源浪费，为组织的发展提供动力。

7.2 性价比合适

任何一种绩效考核方法都是有成本的。事实上，考核在其整个周期内都在持续地占用组织的成本。这些成本主要来自以下几个方面：

- 设计阶段：绩效考核的设计成本、沟通成本、培训成本。
- 跟踪阶段：评审会议等的时间成本、数据收集和维护成本。

- 考核阶段：考核评审的时间成本和考核结果的沟通成本。
- 绩效考核软件系统的开发和维护成本。

在绩效考核的这几类成本中，既需要使用专职的绩效考核人员、培训人员，也需要占用其他被考核岗位人员的时间、精力，还需要占用财务支出额度。这些资源消耗得比较分散，不容易引起人们重视。但是累积起来，资源的消耗远远超过一般人的想象。在选择绩效考核方法时，不光要考虑它给组织带来的收益，还要从这几个成本的角度出发，考虑它的性价比。

有时人们抱怨绩效考核过于烦琐，影响了正常的工作，其实这由于人们在制订绩效考核方案之初，没有意识到绩效考核是一件相当占用资源的事情，没有提前为绩效考核分配好相应的资源，所以在执行时考核相关的任务变成了额外的负担，降低了绩效考核的质量。

预先分配好相应的资源，是保证绩效考核质量的前提。那么如何估算一个绩效考核系统的运行成本呢？这要看在绩效考核的整个生命周期内具体有哪些任务要完成。由于红海行业（岗位）的绩效考核方法和蓝海行业（岗位）的绩效考核方法不相同，所以二者在从计划、跟踪到考核的整个周期里需要完成的工作也不相同（见表 7-3）。

表 7-3 红海行业（岗位）和蓝海行业（岗位）绩效考核的任务

比较项	红海行业（岗位）	蓝海行业（岗位）
设计阶段			
绩效考核设计	• 参考业界最佳实践 • 筛选关键绩效指标	• 选择合适的方法，可能组合多种方法 • 对照原则制订目标
绩效考核方法的内部培训	培训内容较少或没有	• 培训绩效考核的理论、实施原则 • 提供优秀案例、错误案例做参考
绩效指标的制订	上级制订，向下传递、分解	• 由上至下制订，根据由下至上的反馈进行调整 • 下级被允许制订自己的目标，向上申请批准和支持

续表

比较项	红海行业（岗位）	蓝海行业（岗位）
跟踪阶段		
评审会议	季度评审或间隔更长时间	月度评审
调整绩效考核指标	很少调整	• 经常收集员工反馈，留意外界变化 • 根据需要对关键指标进行调整
评审数据收集	• 统计定量指标 • 管理人员对下属的定性指标做出评价	• 统计定量指标 • 设计 360 度评估问卷 • 选择评估者，发送问卷并收集、统计反馈结果
评审数据维护	撰写、提交、维护较少的评估文档	撰写、提交、维护较多的评估文档
考核阶段		
考核评审	• 统计和计算量化指标 • 管理人员确定考核结果	• 统计和计算量化指标 • 统计关于定性指标的反馈，形成考核结果

从表 7-3 中我们可以看出，在绩效考核的设计阶段，蓝海行业的绩效考核比较复杂，对设计人员、培训人员的专业性要求也较高，所以人力成本较高、占用时间较多。在绩效考核的跟踪阶段，蓝海行业的评审频率要高于红海行业。大部分的蓝海行业由于需要引入 360 度评估作为必备的定性考核方法，所以在收集反馈和统计反馈上也要花更多的时间。同样，为了保证定性指标考核的客观性，在最终导出定性指标结果时，蓝海行业的过程也较为复杂，需要更长的时间和更多的精力。

> **贴士**
>
> 绩效考核的隐性成本可能远远超出人们的想象。为了提供考核所需的数字，员工几乎每天都要花费一定的时间进行数字的提交与记录工作。参加评审会议，以及帮助同事完成 360 度评估等都会占用时间和精力。考核数据的收集、统计、纠正也需要专门的人工。这些琐碎的时间累计起来，会是一个让很多人吃惊的数字。

要想获得更加准确的绩效考核成本计算，组织可以从以下五个方面收集数据并计算：

（1）专职从事绩效考核的人力成本，包括专职从事绩效考核方案起草、沟通、培训、数据收集和统计的人力（含外包）和其成本。

（2）兼职从事绩效考核的人力成本，包括在起草、培训阶段需要投入大量时间和精力的高层管理人员、HR工作人员的成本等。

（3）在考核过程中占用的人力成本，包括在日常工作中人们提供考核数据、准备和参加评审会议、为其他成员提供反馈（如填写360度评估问卷）等的时间。

（4）评审成本，包括管理人员进行数据收集、分析和准备评审会议的时间。

（5）其他成本，包括日常考核数据的收集和维护，以及与考核系统相关的软硬件维护成本等。

当然，实施绩效考核的总成本多寡，不仅取决于方法本身，还取决于组织的规模。在组织的规模小于100人的情况下，绩效考核的成本在组织运维成本中就显得微不足道，使用不同的绩效考核方法带来的成本差异也不需要特别考虑。这种规模的组织在选择绩效考核方法时可以只关注绩效考核方法带来的好处，不用考虑成本。

小规模组织在选择绩效考核方法时自由度非常大。除了考核成本可以忽略不计，在规模小于100人的情况下，即使是蓝海行业内的敏捷团队，也同样可以使用KPI等以量化指标和结果为主导的考核模式。因为其规模小，结构扁平，当对指标的灵活性有需求时沟通成本较低。小规模组织内部的环境透明度高，对定性指标、绩效横向对比等的考核需求都是有利的。

随着组织的特点不同、规模的增大和被考核人数的增长，培训、沟通、数据收集和统计等的工作量和工作复杂度就变得不容忽视（见图7-1）。在实践中，从上面所述的五个方面计算考核成本，只能做到模糊统计，无法精确统计。但是对于大规模组织，这样的统计仍然是意义重大的。

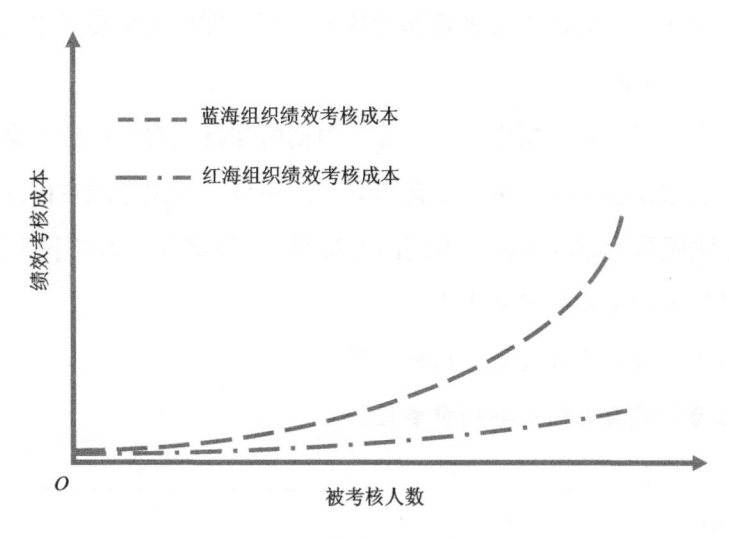

图7-1　被考核人数与绩效考核成本的关系

一方面，看到考核成本的实际规模，能让人们在实施绩效考核或引入新的绩效考核方法时有所准备。在缺乏准备的情况下，人们会抱怨绩效考核让他们变得更忙，在实施过程中也会发生一些"偷工减料"的现象。例如，减少考核和沟通的频率；用主观判断法取代360度评估法考核定性指标；取消与绩效考核方法相关的配套培训等。结果，在绩效考核的设计和执行上折腾一通，却没有带来什么更好的效果。

另一方面，根据组织的实际情况计算考核成本的实际规模，以及不同考核方式的具体成本差异，能够帮助组织更深入地了解考核方法，使得组织做出的决策更理性，在执行的时候也更坚决。

在决策的天平上，成本的另一端是收益。对于成熟的红海行业来说，使用KPI的方式进行考核和从上至下的分解方式已经足够有效，就没有必要跟风导入成本更高的OKR加360度评估的组合方式，而且后者带来的收益并不比前者更明显。对于蓝海行业来说，OKR 这种在指标上具备灵活性的绩效考核方式可能帮助组织更快地找到增长点，而僵化的普通绩效考核方式则只会在摸索的途中带来负面的效果。所以即使选择高成本的绩效考核方式也是值得的。

组织在选择绩效考核方式时，除了根据所在行业选择性价比合适的方法，还要注意在组织内部也存在蓝海和红海岗位。组织考虑在内部实施一种考核方法还是运行两种截然不同的方法时，应该综合考虑以下几个方面：

- 候选考核方法的实施成本。
- 组织内部红海或蓝海部门的规模。
- 红海和蓝海部门业务的重要性。

> **贴士**
>
> 组织可根据上文提到的一些思路，结合自己组织内部的实际情况对绩效考核的成本进行估算。这种估算是模糊估算，而实施估算的人往往又带有一定的主观性，导致估算的准确度进一步降低。减少主观影响的一个方法是在组织内部进行访谈。将备选的考核方案分享给不同岗位的员工，听取他们对绩效考核方法的意见。从员工的反馈中可以看出，备选的绩效考核方法一旦实施，将会在提升效率、激励员工方面带来哪些正面和负面影响，它们分别映射了绩效考核方法的预期收益和成本。

组织无论决定引入新的绩效考核方法，还是改进现有的绩效考核方法，其希望就是最终能为组织带来好处。然而如果不提好的考核方法实施的成本，并在实施前分配好资源，那么这个期待很容易落空。所以当组织准备大张旗鼓地推广新的绩效考核方法时，要问自己两个问题：

（1）哪些事情的发生会影响人们执行绩效考核方案的质量？

（2）如果这些事情真发生了，组织应该怎么应对？

7.3 符合组织文化和组织的价值观

组织文化是指一个组织由其价值观、信念、处事方式、仪式等组成的特有的文化现象。与人的个性相似，组织文化是一个组织的个性。在选择和制订绩效考核方法时，除了要考虑行业特色、成本等，还应该考虑考核方法是否与组织的个性相匹配。如果绩效考核方法能既符合组织的行业特点，又与组织的个性相匹配，就能起到事半功倍的作用。

美国管理学家迪尔和肯尼迪在《组织文化：现代组织的精神支柱》一书中，把组织文化分为四种类型：

- 强人型文化。
- 拼命干、尽情玩型文化。
- 攻坚型文化。
- 流程型文化。

7.3.1 强人型文化

这类组织文化形成于一些风险高、竞争激烈、反馈快的行业，如互联网行业、AI 行业等。这类行业的投资大、风险高，一旦获得成功，收益也巨大。在强人型文化中，要求人们能够适应高风险、快反馈的环境，具有开放思维，能及时响应变化，以承担风险为美德，有竞争观念，勇于从错误中学习，对过失不太追究并认为其有价值，从而不断推动组织前进。

> **示例**
>
> 马云、张小龙、雷军和董明珠等人就是"强人"的代表。我们在强人型文化盛行的组织中发现，强人型文化鼓励员工要坚强、乐观，保持强烈的进取心。在组织内部会宣扬强人形象，将其树为榜样。组织中的人们对"大佬"的传奇史津津乐道。勤于思考、承担风险、勇于竞争等品质在组织中备受赞扬。相反，保守、服从等品质则不被提倡，甚至被形容为负面品质。

对于拥有强人型文化的组织来说，OKR是其绩效考核系统中必不可少的组成部分。因为这类组织总是关注下一个目标，不断开疆拓土，很少满足于已有的成就。OKR在关键结果上的灵活性能满足拥有强人型文化的组织对及时响应变化的需求。强人并不是强势控制的人，相反，强人会鼓励人们自己承担更多的责任，认可人们跳出思维框架勇敢尝试的举动。相比其他绩效考核体系，OKR在授权员工、发挥员工主动性、给予员工决策权等方面更有优势，能够与强人型文化相契合。在强人领导的组织里，OKR的应用阻力会非常小，其理念也容易得到比较彻底的执行。

7.3.2 拼命干、尽情玩型文化

这类组织文化形成于一些风险极小、反馈极快的行业，如房地产经纪公司、保险公司、广告销售公司、药品保健品销售公司等。在这类行业中，从业人员的业绩好坏很快就能知道，并且行业比较成熟，风险较小。这类组织文化的特点是主张"干的时候拼命干，玩的时候尽情玩"，主张变压力为动力，鼓励员工对人友好，乐于交际。

> **示例**
>
> 在这类组织中，我们经常听到"动员大会""业绩冲刺"等名词。因为这类组织的盈利模式比较成熟，营销手段和工作方式也经过了充分的研究，形成了稳定的模式，所以比较容易制订出可量化的绩效指标。组织会通过调高绩效指标给员工形成压力，也会给予完成指标的员工以奖励。我们经常能看到这些组织频繁地举办庆功会、派发现金、汽车等吸引眼球的奖品，或者组织员工外出旅游、聚会等。

拥有拼命干、尽情玩型文化的组织展现的是红海行业发展到极端的一种情况。这类组织所在的行业发展稳定，商业模式（套路）成熟，工作目标清晰，工作成果容易量化。它对人才的技能要求门槛低，同时市场上满足其条件的人才数量非常大，使得组织内大部分岗位的招聘相对容易。在这类组织中，培训体系成熟；培训周期短；员工离职对组织造成的影响较小；在管理上倾向于使用简单的外部刺激；较少岗位需要使用引导、教练等与激发员工内在驱力相关的高成本管理方式。KPI 或平衡计分卡及类似的考核方式对这类组织而言效果好、成本低。适合蓝海行业的绩效考核方法和原则，如 OKR 和 360 度评估法等在这类组织中带来的收益低、成本高，不具有可持续性。

7.3.3 攻坚型文化（也称"赌博文化"）

这类组织文化形成于投资大、风险大、反馈慢的组织，如航空航天集团。一个项目往往涉及几千万甚至几亿元的投资，经过几年甚至十几年的研究和试验，才能判断其是否可行。例如，美国贝尔实验室就是晶体管、太阳能电池、数字交换机、通信卫星、有声电影及通信网等许多重大发明的诞生地。这些研究需要专业的人才,耗费大量的资源,经历旷日持久的努力及无数次的失败,最终才能获得成功。由于投资巨大,所以攻坚型文化对人的要求是,仔细权衡,深思熟虑,精益求精。由于生产周期长,攻坚型文化要求员工有韧性、能坚持,为了实现长远的目标能忍受当前枯燥的工作。由于短期内很难产生可见的成果,并且创造的过程没有经验可循,更多的时候是在摸索和尝试,所以攻坚型文化的绩效考核较少使用量化指标。

> **示例**
>
> 一些大型组织内部有类似实验室的这种部门,如 IBM 的研究部、华为的全球研究中心等。中小型组织也会有负责探索、研发、为未来发展铺路的部门或小组。这些部门的存在是为了实现组织更长远的目标,对组织未来的战略布局负责的。这是一种组织内部的投资行为,这种投资可带来高质量的发明创新或业务上的重大突破,从而推动组织的业绩实现成倍的增长。但这类部门在短期内可能没有产出,甚至会消耗组织大量的资源。

攻坚型文化之所以又被称为"赌博文化",因为成功是个未知数。这类组织的投资不但巨大,而且一旦失败,带来的损失也特别大。它在本质上是一种风险投资行为。从长远目标来看,拥有攻坚型文化的组织或部门,绩效考核在指导思想上,可以借鉴风险投资行业对其投资标的的审核和控制流程。在具体实践中,由于这类组织在短期内不易取得成果,需要持续经营与投入,平衡计分卡是一个不错的选择。从实现目标的过程来看,攻坚的过程往往带有很多不确定性,工作的考核指标要足够灵活,并给员工足够的授权。所以 OKR 在此类组织内也有用武之地;从人才角度看,攻坚型组织的雇员往往属于高端知识型人才,人员流失会给组织带来巨大的损失。所以要充分尊重员工，激发员工的内在驱动力，360 度评估是必不可少的评估手段。

7.3.4 流程型文化

这类组织文化形成于风险小、反馈慢的组织。这类组织所在的行业历史悠久，组织规模庞大，业务稳定。典型的例子有银行、政府机关，还有其他一些世界知名的、规模庞大的百年老店。这类组织依靠时间或政策积累了很多固定的客户，局部的失败很难导致其破产。组织虽面临竞争，但短期内不会有太大危险。组织内部的结构复杂，沟通和合作非常依赖流程。所以流程型文化对人的要求是，遵纪守时，谨慎周到，保守稳定。

> **示例**
>
> 很多大公司因为内部流程复杂而受到员工的抱怨和客户的批评。在这类公司中，小到一般文件的审批、个人请假、费用报销，大到设备采购、项目批复，都需要自下而上层层审批，再层层下发。如果涉及跨部门合作，那么即使一件简单的事情，也可能需要经过几周甚至一个月才能拿到结果。流程使人们的工作复杂而低效，然而当试图改变流程时，又发现在某些情况下流程有其作用，事实上，任何一种改变都无法让所有的流程参与者满意。人们既抱怨流程，又依赖流程。

在拥有流程型文化的组织里，由于流程清晰，流程中的分工、职责都相对固定，所以岗位工作的目标清晰，也很容易量化。KPI 和 KSF（Key Success Factors，关键成功因素）等量化考核方法已经能够满足这类组织的需要。由于流程清晰、工作内容固定，对员工的协作能力、创造能力和灵活性的要求都不高，OKR、360 度评估等方法在这种文化下属于高成本、低收益的选择。

和一个组织内同时存在蓝海岗位和红海岗位一样,以上四种文化往往也会存在于同一个组织内:市场拓展部门是强人型文化,销售与生产部门是拼命干、尽情玩型文化,研究部门是攻坚型文化,财务部门和人力资源部门则是流程型文化。组织文化为绩效考核方法的选择提供了一个参考的角度。

7.4 符合组织的发展变革方向

组织所处的行业类型、内部岗位类型、协作方式及由此形成的组织文化等都属于组织的现状。在现状的基础上,组织经常寻求变革和发展。这种变革的需求有时源自组织内部的愿景,有时受迫于外界变化的影响,如行业发展周期、竞争对手、新型技术等。当这种变革的需求转化为行动计划时,绩效考核的变革应当作为计划中重要的一部分排进优先级列表的第一梯队。正确的绩效考核体系能够加速实现变革的目标,错误的绩效考核体系会起到相反作用,甚至导致变革的失败。

> **贴士**
>
> 如果一个处于红海行业的组织打算拓展蓝海业务,但是沿用旧有的量化考核思维对创新团队进行管理和控制,那么必然会给创新过程带来更多的曲折,甚至贻误战机。如果一个处于蓝海行业的组织,在其内部有一些工作已经从探索阶段转入成熟阶段,但没有切换到红海行业的绩效考核模式,就会造成时间和管理成本上的浪费。

在为变革计划选择或制订合适的绩效考核体系时,可以遵循以下步骤:

（1）根据战略规划中的行业变化、文化变化等目标，选择合适的绩效考核方法。

（2）研究并制订关于新绩效考核方法的学习计划和沟通计划。

（3）选择合适的部门或团队，对新绩效考核方法进行局部测试并收集反馈。

（4）结合战略实施计划，制订绩效考核改革的时间表和里程碑。

这个世界是复杂的，既存在蓝海行业，也存在红海行业；既存在需要量化考核的岗位，也存在需要授权人们自管理的岗位。为了选择合适的绩效考核方法，最大限度地发挥绩效考核的作用，我们需要综合研究行业特点、组织特点、人员特点，以及绩效考核方法和其背后的原理，做出理性的选择。既不能听说哪个绩效考核方法流行就盲目地拿过来应用，也要警惕墨守成规的行为（即使组织的环境发生变化了，仍然在沿用旧有的绩效考核方法和思维）。

贴士

我在大量的案例中经常发现，许多组织制订的OKR目标就是普通的量化考核指标；我也经常见到一些蓝海团队因为学习成长、团队激励、内部优化等相关的绩效指标难以量化，为了避免纠纷，就只给了这些指标特别小的权重。有些企业即使学习了新的绩效考核方法，但在制订具体方案和实践的过程中，仍然能一眼辨识出它们过去的习惯性思维的影子。

这是在应用新绩效考核方法时我们需要警惕的一点。因为当新方法与人们的旧习惯、舒适区产生冲突的时候，人们总会不自觉地改变方法来适应自己。例如，人们认可目标驱动，却忍不住写下详细的任务列表让员工去执行；人们认可授权，却忍不住在别人做出不同选择

> 时加以评判或干预；人们认为团队和个人之间需要更多的横向合作，却在出现纠纷的时候，拿出流程规定和岗位职责来摆脱责任。这一切就如人们知道保持健康要控制糖分的摄入，但是当路过奶茶店的时候总忍不住来上一杯一样。

  选择了对的绩效考核方法只是第一步，更大的挑战会在实施过程中浮现出来。

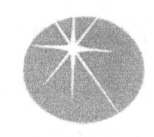

第 8 章

绩效考核与敏捷变革

Performance
Management
For Agile Teams

当今世界，敏捷方法被许多组织用作变革和转型的工具，然而有些组织在进行敏捷变革时，总是聚焦在敏捷方法和管理文化的实践上，很少想到绩效考核与敏捷转型的关系。正如在本书第 7 章"如何选择合适的考核方法"中提到的，与组织的变革目标相匹配的绩效考核方法能够加速实现变革的目标，反之则可能带来阻碍。对于准备启动敏捷变革的组织来讲，为变革目标匹配合适的绩效考核方法是首要的任务。

8.1 敏捷向左，考核向右

对人们在日常工作中的行为起到绝对影响作用的，不是组织内新引进的工作方法，而是组织的绩效考核中奖惩的行为。

1. 敏捷方法的主张

敏捷方法主张灵活应变。但如果组织的绩效考核指标是自上而下制订和分配的，人们只知道被要求做什么而不知道为什么，那么灵活应变就无从谈起。假如有人能够洞见问题所在，但组织内修改绩效指标的门槛过高，灵活应变这个主张就不可能落地。

敏捷方法主张人们尽可能地互相支持和协作，认为个体和互动高于流程和工具。但如果绩效考核系统难以评估协作能力和间接贡献，只能奖励与直接结果相关的人和事，那么协作就是空谈。人们只会把精力全都放在完成自己的工作上。

敏捷方法主张为了获得更高的团队绩效，管理人员应当授权员工、激发员工的斗志、满足员工的内在驱动力。但如果绩效考核只能考核结果，不能考核过程，那么如何保证管理人员下力气去满足员工的内在驱动力，而不是频繁地推动员工加班？毕竟后者做起来既容易，见效又快。

2. 敏捷方法实施中的绩效考核方向

敏捷向左，考核向右。组织中的每个人，尤其是中层管理人员和一线员工会如何选择？答案显而易见。敏捷方法变得形式化的原因有很多，但是绩效考核的方法不匹配敏捷转型的要求绝对是其中重要的一个因素。要想让敏捷方法获得更彻底的执行，使用绩效考核比用其他手段更加有效。组织想用敏捷方法营造和改变什么，就把它们放进绩效考核系统中去。敏捷成熟度低的部分，就提升其在考核中的权重，这样人们对敏捷变革的执行会更加彻底。敏捷变革要想成功，绩效考核的方向就必须与敏捷的方向保持一致。

8.2 敏捷绩效考核实施质量的诊断

组织分析了自己的行业、岗位情况，考察了市面上的绩效考核方法，计算了考核成本，并且结合敏捷变革目标最终构建起绩效考核体系，制订了绩效考核指标。然而这只是万里长征走完了第一步。接下来，只有绩效考核体系能够获得高质量的实施，才能最终加速组织的敏捷转型。

了解敏捷绩效考核方法的实施质量，可以从以下几个角度出发，定期对绩效考核进行检视。

1. 检测绩效考核频率

- 组织的绩效考核有怎样的实施频率？
- 在每次评审会议前，评审人员是否有充足的时间准备数据和收集反馈？
- 每次评审会议的参考数据、考核结果、意见和反馈是否得到良好保存和记录？

定期的检视和调整能带来很多好处，例如，推动工作进度，及时发现问题，尽早采取行动等。敏捷原则第十二条也提到"团队要定期地反思如何能提高成效，并依此调整自身的举止行为"，但人们在沉重的日常工作压力下，很容易就会做出诸如降低评审会议的频率、用主观判断取代360度评估调查、对评审会议的结果懒于记录等举动。这会影响OKR等工作方法的效果，也不利于全面、客观地考核定性指标。

2. 检测定性指标的考核质量

- 在绩效考核指标中，量化指标是否占大多数？
- 定性指标和定量指标是否使用同一种方法进行考核？
- 定性指标的评审是管理人员给出的，还是使用360度评估法得到的？
- 人们对360度评估法的反馈如何？

敏捷方法认为，员工、部门之间的协作效率和员工的内在驱动力是敏捷组织生产力的引擎。绩效考核是提升引擎动力的重要手段。所以，在敏捷团队的绩效考核指标中，定性指标无论从数量上还是权重上都应该占有相当的份额。

定性指标的一个主要特点是可感知、难量化。市场上的一些重量级工具，如KPI、KSF、OKR等都是以目标和结果为导向的工具，并不能准确、细致地刻画定性指标，所以在敏捷团队的绩效考核系统中至少要包含一种有效考核定性指标的工具，如360度评估、NPS[①]等方法。

[①] NPS（Net Promote Score，净推荐值）是一种用来测量客户是如何看待组织提供的产品或服务的度量指标，近年来被一些组织用于员工的协作能力调查。

> **贴士**
>
> 把 360 度评估法用好并不容易。首先，设计的问题要足够清楚，以便人们在填写反馈的时候准确无误。其次，问卷的角度和问题本身，在微观上要能够调查出被考核者的定性指标的各个方面，在宏观上还要能给组织提供有价值的参考，这需要对问卷进行一段时间的摸索和改善。最后，考虑到每次考核都要请 5~6 人为被考核者填写问卷，所以问卷中问题的数量和针对每个被考核者需要收集的报告数量等也要在实践中摸索改进。没有什么比询问被考核者的意见能更快找到考核过程的缺陷所在了。

3. 检测沟通方式

- 绩效考核的沟通过程是由上至下沟通，还是双向沟通？
- 绩效考核沟通中收集到的员工的反馈被采纳的情况如何？
- 绩效考核指标或方式是否根据反馈进行过调整？

定性指标的考核主要依赖主观判断，即使使用了 360 度评估调查问卷，人们在填写问卷时仍然是基于自己的主观感受的，只不过 360 度评估提供了更丰富、数量更多的主观判断以供对比而已。被考核者认为对自己的评价不公平、没有反映自己的真实情况，或者定性指标的要求太过模糊导致评估的方向错误，都是常有的事情。

增加管理人员和员工之间围绕绩效指标的沟通频率，在沟通的过程中充分允许员工表达自己的看法，听取他们对绩效考核方法的建议，能够加深双方的相互了解，并且统一双方对定性指标的细节理解，从而让员工更容易接受定性指标的考核结果。所以在绩效评审的过程中保持双向沟通，对保证绩效考核方法的实施质量至关重要。

4. 检测绩效考核的授权程度

- 绩效考核指标的制订和分解是简单的由上至下，还是双向进行的？
- 部门绩效考核指标制订时是否引入各级员工的意见？
- 员工是否有一定权力决定如何实现绩效的指标？
- 员工是否有权对绩效的指标提出异议？

敏捷原则第五条提到："激发个体的斗志，以他们为核心搭建项目。提供所需的环境和支持，辅以信任，从而达成目标。"个体的斗志源自其内在驱动力，而参与感又是内在驱动力的一个来源。如果绩效考核方法在执行的过程中被当成了从上至下分配任务的工具，员工对组织试图实现的目标就很难有参与感，信任感也无从谈起。

OKR 与 KPI 和 KSF 等方法最显著的区别就在于，其包含了许多与授权相关的可操作的实践。这也是为什么 OKR 在很多敏捷组织中备受推崇的原因之一。然而即使考核方法中设计了便于授权的流程，但执行方法的毕竟是人。组织需要了解人们对授权的执行情况，及时为他们解决困难，如提供合适的培训、咨询、案例参考等。所以在绩效考核的执行过程中，要经常性地检视授权的情况。

组织内负责设计和推动绩效考核执行的部门，应该定期举行关于绩效考核系统实施质量的回顾会议。从上面所述的几个方面出发，结合相关问题进行讨论，持续推进绩效考核系统的实施向着更高质量前进。只有团队绩效考核的方向与敏捷方法一致，考核的质量得到保障，整个组织才能尽快提升敏捷成熟度，使变革从量变达到质变。

8.3 保证敏捷绩效考核方法落地的原则

组织想要成功地引入新的绩效考核体系，或者对已有绩效考核体系进行重大的调整，是一个系统工程。在这个过程中，首先，需要组织上下对新的绩效考核体系的理论和实践有统一的认识；其次，人们要有足够的时间和精力实施绩效考核，并且跟踪和检测绩效考核的实施质量。再好的考核方法如果不能落地，对组织也没有意义。处于敏捷变革中的组织，在实施绩效考核时可以对照以下原则开展工作：

- 深入学习原则。
- 过度沟通原则。
- 合理分配资源原则。

8.3.1 深入学习原则

在学习绩效考核方法时，不但要学习方法在操作层面的知识，还要学习方法背后的设计原理及其适用环境，为相关人员提供足够的培训和大量的参考案例，案例要覆盖原则、常见问题等多个维度。培训不应局限于初期，而应贯穿整个绩效考核周期。要通过定期检测绩效考核的实施质量，及时发现问题并给予针对性的培训。培训材料、案例等要放在人们轻易就能找到的地方。要及时发现组织内优秀的考核做法，给予认可并在全组织范围内分享。

除了深入学习绩效考核方法本身的专业知识，组织能否设置合理的目标，还取决于组织对其要考核的事物理解的广度和深度。只了解一件事情的表象，就无法为其制订有效的绩效考核指标。例如，当组织需要创新时，如何通过绩效考核来让团队积极创新？在实践中经常发现一些看起来有点可笑的量化指标，如"团队每季度提交两个创新方案""每季度举办一次黑客马拉松"等，希望使用这类指标来达到创新的目的，其实际暴露出来的是对"创新是怎么产生的"这一认知的不足。因为创新并不取决于提交方案的数量，而取决于土壤和环境。

> **示例**
>
> 谈到创新，就不得不谈到"美第奇效应"。16 世纪应美第奇家族邀请，各领域最优秀的创造者们——雕塑家、科学家、诗人、哲学家、画家、建筑家在佛罗伦萨云集。他们交流、碰撞、互相激发，产生了一次创造力的大爆发，最终促成了文艺复兴的盛景。美第奇效应被称为促进创新的典范。它汇集了创新发生的所有要素。硬件要素包括具有不同专业知识和思维方式的人才组成的群体，舒适的生活、工作环境，取之不尽的工具和材料等；软件要素包括艺术家热爱自己的事业、具有主动性和积极的态度，以及美第奇家族尊重艺术家个人的意见和想法，对创造过程不干预、不预设结果的组织方式。
>
> 在这些要素的共同作用下，人们的思想自由地碰撞，互相启发，最终成就了创新爆发的时代并永载史册。

如果一个组织想要促进内部创新，那么正确的考核指标应该是考核其各团队的管理人员是否是一个合格的美第奇效应制造者。例如，考核其是否为员工提供了创新的硬件要素，是否对员工的创新过程进行充分授权，是否在引导和激发员工内在创新驱动力等。

使用"每季度提交两个创新方案"或"每季度举办一次黑客马拉松"这类指标，对员工来讲，首先增加了工作量；其次创新源自外部压力，而非内部创作激情；第三其形式固定。创新的过程是多样的，"写创新方案"和"黑客马拉松"都是固定的形式，组织应该鼓励多种形式，而非提出一两种形式。类似的例子还有对 Scrum Master 和培训部门的绩效考核等，这些都是绩效考核指标错误的高发区。究其原因，是绩效考核指标的制订者对考核工作背后的原理和价值缺乏深层次的认知。

要想提升和丰富组织内部的认知，组织可以通过引入各种类型的培训、聘请业界专家进行咨询和诊断、去同类组织参观学习等方式扩展内部人员的知识广度；在日常招聘时除了考虑岗位技能需要，同时考虑人员背景的多样化；对流行的技术和工作方法保持开放和好奇的心态，在组织内部开辟小规模的实验田，对新方法通过实践进行学习和观察。这样，组织在做任何决策的时候其视野才能既具备广度又具备深度，在设计绩效考核指标时也能有效避免选择错误的指标或考核对象，避免变革任务变成简单粗暴但无效的指标。

8.3.2 过度沟通原则

在绩效考核中，要对考核目标、考核方法、考核指标的选择进行充分的、反复的、彻底的沟通。不但沟通次数要够多，而且还要采取多种沟通渠道，不限于各级别的会议和一对一的沟通，制作各种学习材料、宣传海报，组织线下的学习和分享活动，邀请取得成绩的团队进行内部巡回分享等。建立针对新员工的培训机制，保证新入职的员工也能尽快熟悉绩效考核体系。沟通不应是单向说教，还应通过调查问卷、访谈、考试等方式检查沟通效果。

这种沟通相对于组织内部其他一些事物来说，显得"过度"。然而在执行绩效考核时，过度沟通很有必要。每一级的绩效考核人员，都需要对考核目标及考核方法、考核指标有统一的认识，这样才能避免绩效考核在执行过程中发生目标偏移和浪费。

> **贴士**
>
> 我曾经在一个实施敏捷方法很多年的公司内，随机抽取不同岗位、不同级别的人员进行访谈，以便了解他们对敏捷方法的认知程度。结

> 果几乎每个人对"敏捷是什么"这一问题的答案都不一样。我也曾在这家公司内,对于"如何制订 OKR 目标"这一问题进行访谈,结果发现直属关系的上下级给出的答案都不相同。即使在同一公司内,人们对实施多年的方法在概念的理解上尚难达成统一,更不要说在实施的过程中遵循统一的标准。对于组织内部有重要意义的事物,沟通永远都没有"过度"之说。

8.3.3 合理分配资源原则

与敏捷变革匹配的绩效考核,按照平衡计分卡的理论分析,首先它代表组织追求的长远利益;其次它的指标分布在内部流程、学习与成长两个维度。要保证其实施成功,就要在一开始从平衡组织的短期目标和长期目标,平衡组织的内部流程、学习与成长的需求和财务、客户的需求的角度出发,调整各项指标,合理分配资源。

本书第 7 章中列举了绩效考核的实施成本,包括时间成本、人力成本、培训成本等多种成本。敏捷变革也同样涉及类似的成本支出。这类成本支出虽然分散,但是累积起来相当巨大,而且会持续较长的时间。如果变革期间客户、财务指标不能降低,与变革相关的指标又要加上,人力却没有额外的增加,这显然是不可持续的。为了保障敏捷变革,以及配套的绩效考核体系获得成功,组织应该思考在财务、客户需求等其他指标方面做出何种调整,评估组织在变革上投入的资源,结合实际情况调整对变革的预期,制订切实可行的方案。

变革对组织产生价值的多寡,不取决于采用何种变革方法,而取决于方法能够落地的部分有多少。深入学习原则、过度沟通原则、合理分配资源原则是保证方法落地的指导性原则,不仅对敏捷方法和敏捷绩效考核有重要作用，对其他类型的组织变革也具有参考意义。

8.4　绩效考核是一面镜子

组织在进行敏捷变革和敏捷绩效考核时，经常会遇到一些问题。有的组织解决问题的思路是，改变敏捷方法或绩效考核的方法，以适应组织的实际情况，还美其名曰"定制"。这种做法实际上使组织错失了改进的机会。改革中出现的一些问题，对组织来讲是很好的"镜子"，组织可以通过反思这些问题加深了解，发现问题的本质，制订出行之有效的改进方案。

> **贴士**
>
> 在绩效考核中常出现的一个现象就是频率难以保持。如果我们研究各种考核方法的原教旨，无一例外都会提到保持高频率（月度或季度）的考核和沟通，大部分组织对此也是认可的。然而在实践过程中，除了一些销售岗位或财务岗位，许多岗位几乎都是年初制订绩效考核，到年末才会进行考核和沟通。原因有两种：一种是知道应该频繁地考核绩效，但是没有养成习惯；另一种则是业务压力大，没有时间组织绩效考核。前者是惯性原因，后者是资源分配原因。如果针对问题进行反思，组织就有可能制订出切实可行的方案。如果不加思考就根据工作压力需要而降低考核的频率，反而使组织错失了改进的机会。敏捷变革也是如此。很多组织在引入敏捷初期，组建跨职能团队和进行结构扁平化的时候困难重重，于是内部就常常有一种声音，说敏捷方法不适合本组织。这种理论和现实的"冲突"，恰恰反映出该组织结构和关系的复杂，已经到了调整起来非常困难的程度了。

不仅绩效考核可以当"镜子"来用，组织在引入任何实践方法时，都可以仔细分析自己的实际情况与方法的原理和主张存在的差距，进而发现自身行为的短板。如果组织针对短板进行反思，那么实践方法就成了组织的"镜子"，起到"正衣冠，明得失，知兴亡"的作用。如果组织未经深入思考，反而根据自己的"舒适区"对方法进行剪裁和调整，那么就错失了改进的机会。

结束语

Performance
Management
For Agile Teams

在绩效考核领域，从来不缺乏流派和方法。除此之外，还有各种令人眼花缭乱的、有大组织背书的最佳实践。当组织建立绩效考核系统时，切忌效仿所谓的"最好的公司"采用的"最佳指标"。因为绩效考核要服务于组织的战略发展。由于不同组织所处的行业、发展阶段、规模、目标等不同，即使"最好的公司"的战略和方法也未必适合其他组织。

要想找到合适的绩效考核方法，首先要了解自己的组织。既要了解其使命愿景，也要了解其现状，因为好的绩效考核方法能帮助组织缩短实现愿景的路程。

要想找到合适的绩效考核方法，其次要了解现行的各种考核方法。不但要了解怎么做，还要了解方法背后的原则，甚至要了解方法诞生的背景。因为大部分绩效考核理论是从实践中总结出来的。了解其诞生背景，有助于面对今天的环境，正确地看待绩效考核方法，避免盲从。

要想找到合适的绩效考核方法，还要对现实的复杂性保持敬畏。不寄希望于找到简单的、容易实施的考核手段。简单的方法能够反映的问题有限，那些没有出现在报表上的问题，并不会消失，只会以其他形式在前进的路上等着你。

在找到合适的绩效考核方法之后，要有知行合一的魄力，这样才能将绩效考核方法的一些重要原则付诸实践，也能在面对短期指标和长期战略目标时保持头脑清醒。否则就会变成一手抓眼前的数字，一手忙着解决以前因为抓数字而留下的问题。

在找到合适的绩效考核方法之后，还要保持开放的心态。有些组织为了找到一个完美的绩效考核方案，可谓绞尽脑汁，在一些有争议的指标，尤其是定性指标的制订上花费大量的时间。这种工作方式也是不可取的。绩效考核方案并非永恒不变的，它应该是动态的，并且应该持续地被研讨、评价和更新。敏捷方法主张的迭代、试错也同样适用于制订和实施绩效考

核方案。

  最后，将绩效考核方法融合到自己的管理流程中，是一件充满艰辛且深入细致的工作，绝无捷径可走。希望本书能够为在绩效考核之路上探索的各位读者带来一点启发、一点助力。

反侵权盗版声明

电子工业出版社依法对本作品享有专有出版权。任何未经权利人书面许可，复制、销售或通过信息网络传播本作品的行为；歪曲、篡改、剽窃本作品的行为，均违反《中华人民共和国著作权法》，其行为人应承担相应的民事责任和行政责任，构成犯罪的，将被依法追究刑事责任。

为了维护市场秩序，保护权利人的合法权益，我社将依法查处和打击侵权盗版的单位和个人。欢迎社会各界人士积极举报侵权盗版行为，本社将奖励举报有功人员，并保证举报人的信息不被泄露。

举报电话：（010）88254396；（010）88258888
传　　真：（010）88254397
E-mail：　dbqq@phei.com.cn
通信地址：北京市万寿路 173 信箱
　　　　　电子工业出版社总编办公室
邮　　编：100036